RUPTURA
GLOBAL

RUPTURA GLOBAL

Liderando seu negócio através da grande transformação do poder econômico mundial

RAM CHARAN
Com Geri Willigan
e Charles Burck

Copyright © 2013 HSM Editora para a presente edição
Copyright © 2013 POR RAM CHARAN
Todos os direitos reservados
CROWN BUSINESS é um a marca registrada, e CROWN e o colofão Sol Nascente são
marcas registradas da Random House, Inc.
Publicada em acordo com Crown Business, um selo da Crown Publishing Group,
uma divisão da Random House, Inc.

Tradução **Edson Furmankiewicz**
Edição e coordenação editorial **Oliva Editorial**
Adaptação do projeto original e paginação **Alexandre Braga e Carlos Borges Junior**

Todos os direitos reservados. Nenhum trecho desta obra pode ser utilizado ou
reproduzido – por qualquer forma ou meio, mecânico ou eletrônico, fotocópia,
gravação etc. –, nem estocado ou apropriado em sistema de banco de imagens
sem a expressa autorização da HSM Editora.

1ª edição – 1ª impressão

ISBN – 978-85-65482-28-8

Dados Internacionais de Catalogação na Publicação (CIP)
(Câmara Brasileira do Livro, SP, Brasil)

    Charan, Ram
       Ruptura Global: Liderando seu negócio através da
    grande transformação do poder econômico mundial /
    Ram Charan, com Geri Willigan e Charles Burck;.
    (tradução Edson Furmankiewicz). São Paulo : HSM Editora, 2013.

       Título original: Global Tilt: leading your
    business through the great economic power shift.
       Bibliografia.

       1. Cooperação internacional 2. Desenvolvimento econômico –
    Países em desenvolvimento 3. Liderança – Países em desenvolvimento
    4. Mudança organizacional I. Willigam, Geri. II. Burck, Charles. III. Título.

13-05624   CDD-338.90091724

Índices para catálogo sistemático:
1. Desenvolvimento econômico:
Países em desenvolvimento: Economia 338.90091724

HSM Editora S.A.
Av. das Nações Unidas, 12.551, 11° andar – Brooklin Novo
São Paulo – SP
04578-903

Dedicado aos corações e almas de uma unida família de 12 irmãos e primos que vivem sob o mesmo teto há 50 anos e cujos sacrifícios pessoais tornaram possível minha educação formal.

DEFINIÇÃO

ruptura global 1. o deslocamento dos negócios e do poder econômico dos países do Norte para os que estão abaixo do paralelo 31; 2. a maior ruptura na história dos negócios; 3. uma convocação para líderes abandonarem a mentalidade antiga, as regras de ouro e as suposições sobre o Norte e o Sul e o relacionamento entre os dois; 4. o resultado de forças incontroláveis, incluindo as energias provenientes do Sul, as mudanças demográficas, o sistema financeiro e a digitalização; 5. a abertura de grandes oportunidades para aqueles que podem lidar com a velocidade, complexidade, volatilidade e incerteza; 6. o estímulo a mudanças radicais no pensamento estratégico, na liderança e no sistema social de uma organização.

SUMÁRIO

PARTE I
BEM-VINDO AO MUNDO EM MUDANÇA

CAPÍTULO UM
MUDANÇAS QUE VOCÊ NÃO PODE IGNORAR
15

CAPÍTULO DOIS
O QUE VOCÊ PRECISA SABER ANTES DE MAIS NADA
31

CAPÍTULO TRÊS
A NOVA FORÇA DO SUL
85

PARTE II
COMO TER SUCESSO NA RUPTURA GLOBAL

CAPÍTULO QUATRO
UM NOVO OLHAR PARA O FUTURO
ESTRATÉGIA PARA UM MUNDO EM TRANSFORMAÇÃO
125

SUMÁRIO

CAPÍTULO CINCO
DOMINANDO MÚLTIPLOS CONTEXTOS
LIDERANÇA NO MUNDO EM TRANSFORMAÇÃO
147

CAPÍTULO SEIS
MUDANÇA DE PODER, RECURSOS E COMPORTAMENTO ORGANIZACIONAL
A ORGANIZAÇÃO GLOBAL NO MUNDO EM TRANSFORMAÇÃO
171

CAPÍTULO SETE
EMPRESAS DO NORTE NO FRONT
APOSTANDO NO CRESCIMENTO DO MERCADO
197

SEU FUTURO GLOBAL
226

AGRADECIMENTOS
232

NOTAS
236

ÍNDICE REMISSIVO
242

PARTE I
BEM-VINDO AO MUNDO EM MUDANÇA

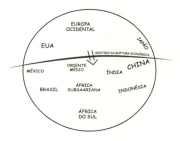

CAPÍTULO UM

MUDANÇAS QUE VOCÊ NÃO PODE IGNORAR

Tarde da noite, em 24 de novembro de 2010, desembarquei em Dubai, onde daria uma palestra em uma reunião corporativa para a maior empresa de telecomunicações da Índia, a Bharti Airtel. Eu tinha deixado Nova York 12 horas antes, depois de três dias de compromissos com empresas da costa leste dos Estados Unidos. Alguns dos problemas e perguntas que ouvi nessa semana ainda estavam em minha mente. Os CEOs, bem como a alta e a média gerência, discutiam como a crise europeia afetaria os negócios. Que profundidade a recessão alcançaria e quanto tempo duraria? Como todo mundo, eles se sentiam golpeados pelos ventos da desaceleração da economia e concorrência globais e da rápida mudança.

Chegando ao hotel, refresquei-me e fui à sala de conferências, passando pelo saguão, onde 160 membros da alta gerência da Bharti se aglomeravam. Quarenta e seis deles eram africanos, novos na empresa após a Zain, grupo de telecomunicação presente em 15 países africanos, ter sido adquirida pela Bharti alguns meses antes. Agora, essas 46 pessoas são parte do mix gerencial da Bharti Airtel, junto com líderes

BEM-VINDO AO MUNDO EM MUDANÇA

do Sri Lanka e Bangladesh, para onde a empresa havia se expandido no ano anterior. Muitos vestiam trajes de negócios ocidentais típicos, outros usavam roupas tradicionais africanas. Todos conversavam em inglês. A maioria aparentava estar na casa dos trinta anos, e alguns pareciam ainda mais jovens.

Mas a juventude por si só não explica a diferença evidente entre esse grupo e os líderes que eu tinha visto poucas horas antes — havia um oceano de distância física e psicológica. Havia energia, otimismo e empolgação no ar. Essa empresa, que já estava entre as cinco maiores operadoras de telefonia móvel do mundo em número de assinantes, passava por mudanças, e seus líderes sabiam disso. A Bharti saiu do anonimato e se tornou líder do setor em 15 anos. Fiquei me perguntando: *Por que não conquistar os Estados Unidos ou a Europa no futuro?* Mas seu crescimento fenomenal e a verve empreendedora de seu fundador, Sunil Mittal, podem ser tudo, exceto desconhecidos no hemisfério norte.

Esse momento cristalizou na minha mente uma verdade inegável: o mundo está mudando. Seu centro econômico se deslocou do que tradicionalmente chamamos *países avançados* ou *ocidentais* do hemisfério norte para países em rápido desenvolvimento, incluindo China, Índia, Indonésia, Brasil, e outros no Oriente Médio e até em partes da África. Por décadas, a visão padrão era de que a transferência de tecnologia, know-how gerencial e capital foi do Ocidente para o Oriente, e dos Estados Unidos e Europa Ocidental para o Japão, Coreia do Sul e os tigres asiáticos. Mas hoje, os fluxos são geralmente do Norte para o Sul. Em termos geográficos, a linha divisória é o trigésimo primeiro paralelo. Essa divisão é grosseira — por exemplo, o Japão e a Coreia do Sul são países essencialmente do Norte em suas economias e práticas de negócios — mas é uma forma abreviada e simples de ver a mudança.

A riqueza está se deslocando do Norte para o Sul, e assim também ocorre com os empregos. Empresas do Sul, grandes e pequenas, têm um ímpeto empresarial feroz. Muitas estão revelando crescimento de dois dígitos na receita, trazendo empregos e prosperidade para os países de origem. Empresas de grande escala estão sendo construídas, desafiando as do Norte em todas as frentes. Elas têm um forte impulso, enquanto os velhos pesos pesados — alguns dos quais têm dominado seus setores durante décadas — mal conseguem ter um crescimento de um dígito. O Sul está conduzindo a ruptura. E o Norte está com medo dele.

Muitos líderes empresariais do Norte são cegos para a força dessa tendência. Alguns estão acelerando a ruptura, transferindo tecnologia, marcas, know-how e ativos reais para o Sul, em busca de um crescimento muito maior do que eles veem em sua própria base doméstica. Outros culpam fatores como mão de obra barata, manipulação cambial e protecionismo. Esses são alguns dos problemas, mas forças muito maiores conduzem a ruptura — e os líderes do Norte ainda não chegaram a um consenso sobre o mundo como ele é hoje nem sobre aquele que está emergindo. Como, então, eles podem dar uma resposta lúcida? Compreender a nova dinâmica da competição global e os novos comportamentos econômicos é uma exigência incondicional para os líderes empresariais do Norte e do Sul, mesmo em empresas menores ou consideradas domésticas. Poucas companhias são imunes às mudanças.

Quando a nuvem da complexidade e da volatilidade se dissipa, várias realidades inconfundíveis transparecem.

O mundo vive uma transição inevitável para uma distribuição mais uniforme de oportunidades e riqueza. Essa transformação é alimentada por um impulso irreprimível e fundamental do ser humano: o desejo por uma vida melhor. Embora a estrada tenha reviravoltas inesperadas, sua direção é clara, e estamos nos movendo em alta velocidade.

O sistema financeiro global, que liga as economias de todos os países, a cada segundo do dia, é altamente instável. Ninguém realmente entende como ele funciona, conforme evidenciado pelas suspeitas, e aparentemente intermináveis, descobertas sobre o comportamento de importantes jogadores do sistema. Seu mau funcionamento pode causar recessões e prejudicar economias inteiras, como ocorreu na crise econômica asiática de 1997 e entre 2007 e 2012, na perda muito mais generalizada do crescimento econômico. A incerteza continuará sendo a ordem do dia por algum tempo.

Estamos em uma guerra por empregos. Embora o nível de empregos geral continue a aumentar em todo o mundo, cada país está buscando uma fatia maior do bolo de empregos para criar ou reforçar sua classe média, melhorar seu padrão de vida, aumentar suas reservas financeiras e assegurar a estabilidade política. O nacionalismo está bem vivo à medida que os países competem sem nenhum acordo claro sobre as regras do jogo.

Muitos países abaixo do Paralelo 31 estão criando suas próprias regras e executando seus planos de crescimento para conquistar empregos e recursos para seu povo. Eles estão participando da economia global sem necessariamente seguir os princípios de livre mercado do Norte. China, Cingapura e Taiwan têm explícitas estratégias econômicas nacionais. Outros países, como Brasil e Índia, estão começando a moldar seus próprios planos. Políticas protecionistas são generalizadas; os governos não hesitam em intervir na economia em nome do "interesse nacional". Os Estados Unidos praticam algum protecionismo em áreas selecionadas, mas não têm um plano econômico coordenado.

As empresas estão competindo contra países, e não apenas com outras empresas. Quando um governo decide apoiar uma empresa nacional, tanto para proteger sua base doméstica quanto para ajudá-la a conquistar o mercado externo, a equação competitiva pode mudar drasticamente. Patrocinadas pelo Estado, as empresas podem se expandir rapidamente e muitas vezes não têm os mesmos requisitos de lucro que suas concorrentes de capital aberto. Assim, elas podem baixar os preços e reduzir os retornos de toda uma indústria. Além do mais, a regra não escrita de expansão global é que a empresa, ao fincar raízes em um mercado em crescimento, transfere sua tecnologia e know-how gerencial para seus parceiros nativos. Essa transferência de tecnologia pode ocorrer com uma rapidez surpreendente.

Empresas do Norte podem estar construindo sua concorrência futura em troca de acesso aos mercados. Por exemplo, em 2007, a China passou a mirar a construção de um negócio de aeronaves para competir globalmente. Ela incentivou fabricantes de aviões norte-americanos e europeus a construir fábricas em território chinês, mas estipulou que qualquer investimento estrangeiro direto tinha que ser feito por meio de *joint ventures* com empresas nacionais. Esse relacionamento com os fornecedores envolve a troca aberta de informações por meio da qual circula o conhecimento patenteado, acumulado em um longo período e financiado pelo dinheiro dos contribuintes e por fundos de investimento de risco. Hoje, a Commercial Aircraft Corporation of China (COMAC) está se preparando para competir de frente com a Boeing e a Airbus com uma aeronave de fuselagem estreita, com lançamento previsto para 2016.

A Índia tem o mesmo tipo de proteção por meio de restrições à propriedade. Em alguns setores, as empresas não indianas estão autorizadas a expandir somente se derem uma participação acionária a empresas indianas. Em negócios relacionados à defesa, incluindo a nuclear, a exigência é mais dura: empresas não indianas são bem-vindas apenas se permitirem que as indianas tenham o domínio acionário.

Por que as empresas do Norte estão dispostas a aceitar as condições ditadas pelo país em que elas estão investindo? Porque elas veem o país como importante para sua capacidade atual e futura de gerar crescimento e valor para o acionista. Além disso, tais empresas reconhecem que se não fizerem isso, um concorrente o fará. E embora gestores individuais tomem essas decisões de forma autônoma, suas ações coletivas podem afetar seu país de origem. Quando muitas empresas, em um efeito manada, transferem os recursos e a atenção para o mesmo país em um curto período de tempo, seu país de origem sofre. O desemprego aumenta, a base fiscal cai, as classificações despencam e tanto o déficit orçamentário como o déficit comercial crescem. Assim, a busca coletiva de valor para os acionistas, concentrada em um ou dois países do Sul que não cumprem as regras do jogo, pode, sem querer,

BEM-VINDO AO MUNDO EM MUDANÇA

minar a prosperidade nacional de seu país de origem. Basta pensar no declínio da indústria nos Estados Unidos nas últimas décadas para entender o processo.

Muitas empresas do Sul estão explorando o fornecimento global de capital, de know-how e de tecnologia. Elas estão na ofensiva, pagando grandes salários para os melhores talentos, que podem ser contratados em qualquer lugar, muitas vezes no Norte. McKinseys, Accentures e IBMs do mundo ajudam potenciais clientes em qualquer lugar do mundo. E assim também o fazem os headhunters: ex--executivos de empresas listadas na *Fortune* 500 estão ansiosos por emprestar seus conhecimentos para empresas que estão crescendo, e eles são remunerados nos mesmos padrões dos EUA. Para ajudar a construir esse negócio, a empresa indiana de terceirização Wipro contratou um ex-executivo da GE como vice-presidente, com um padrão de remuneração norte-americano. A Wipro tornou-se, então, a terceira maior empresa de capital indiano no mundo. Mercados de ações, *private equities*, fundos soberanos e bancos globais, sempre em expansão, estão despejando dinheiro em oportunidades onde quer que possam encontrá-los; naturalmente, as oportunidades são definidas pelo crescimento.

Como consultoras, as empresas com conhecimento tecnológico especial vão cortejar os clientes onde quer que possam encontrá--los. Mesmo após a formação da OPEP em 1973, e o deslocamento gradual do poder nas negociações daí em diante, as grandes companhias de petróleo do Norte tinham muita influência por causa de seu tamanho e know-how patenteado. Mas outros protagonistas do setor, como a Schlumberger, líder mundial em software especializado de perfuração de petróleo, vendem seus serviços e volumosa base de conhecimento para Arábia Saudita, Rússia, México e outros.

À medida que o poder econômico se desloca, o mesmo ocorre com o poder político. Em ambos, a influência dos EUA, no Sul, é vista como decadente, permitindo que alguns países, cujo apoio os Estados Unidos dava por garantido, seguissem seu próprio caminho. Por exemplo, contra a vontade dos EUA, o Brasil se recusou a apoiar sanções que detenham as ambições nucleares do Irã, uma postura política surpreendente que seria inimaginável cinco anos atrás. Alguns países africanos têm preferido lidar com a China do que com os EUA, porque este último empurra uma ideologia democrática, enquanto os chineses, não. Quem tem o dinheiro tem o poder. Quem tem promessa de enormes oportunidades de crescimento econômico tem mais poder ainda. Poder econômico cria poder político, e não o contrário.

Ao longo do caminho, ocorrem oscilações. Fortunas se formam e se desmancham, eventos que afetam um país reverberam em outros. Por exemplo, as consequências pós-crise do sistema financeiro europeu, que derrubou a taxa de crescimento da Europa para perto de zero também diminuiu as exportações dos Estados Unidos e da China. O resultado tem sido mais pressão de cima para baixo sobre a economia dos EUA e uma desaceleração significativa na taxa de crescimento da China. Fatores econômicos como as taxas de inflação tendem a neutralizar a vantagem comparativa da China de tal modo que agora muitos outros países do Sul têm salários e moedas comparáveis aos do Norte. Isso já começou em algumas indústrias.

No entanto, a direção geral da inclinação permanece a mesma. E mesmo depois que as diferenças salariais se estreitarem, o Sul ainda terá vantagens de custo. Com o tempo, a inclinação será persistente e inevitavelmente continuará mudando a paisagem econômica, reformulando a dinâmica competitiva e as estruturas produtivas ao redor do globo.

Gostando ou não, você não tem escolha, exceto descobrir como posicionar seu negócio em face das mudanças. Ficar sentado de olhos fechados, esperando que ninguém o perceba não é um bom plano. Esperar proteção do governo tampouco parece uma boa ideia. As rodas da democracia giram mais devagar que o planejamento central usado com sucesso em outros lugares. Também não é aconselhável ir para frente usando o espelho retrovisor como um guia, como alguns líderes empresariais e acadêmicos fazem, comparando China e Índia com a ascensão do Japão em décadas anteriores, por exemplo. Tais paralelos são profundamente falhos. Os concorrentes de hoje não estão seguindo os modelos do Norte e buscando a aceitação por parte da comunidade internacional. Este é um novo século, e um novo jogo está sendo jogado em um campo desigual.

UMA CHAMADA À AÇÃO PARA O NORTE

Se você é líder de uma empresa do Norte, tem uma estreita janela de tempo para fazer uma mudança decisiva em sua abordagem na condução do negócio. Você não pode confiar em abordagens tradicionais de análise competitiva, estratégia e execução. Sua liderança deve começar com uma compreensão clara do contexto global. Enquanto o Norte está sofrendo com baixo ou nenhum crescimento, o Sul está em movimento, mesmo agora que a economia global se arrefece. Projeções suficientemente longas, entre 10 a 20 anos, capturam a inclinação da curva de crescimento do Sul e da imensidão da oportunidade. As empresas que perderem essa janela podem perder definitivamente a chance de fincar um pé no Sul e, ao mesmo tempo, se tornar vulneráveis ao ataque de sua própria base doméstica em algum momento no futuro.

Você não pode questionar se a ajuda que as empresas do Sul estão recebendo de seus governos é "injusta". A vida é injusta. Quando você abandonar sua psicologia defensiva e entender a ruptura na gravidade econômica, a lâmpada acenderá: como, então, vamos buscar oportunidades rápido o suficiente e sem perder de vista nossos mercados domésticos, que afinal de contas ainda são enormes em termos absolutos, além de atraentes para os concorrentes do Sul? A resposta está em alterações fundamentais na forma como você pensa sobre estratégia, assim como as mudanças no poder, na alocação de recursos e tomada de decisão, e em seu desenvolvimento pessoal como líder.

MUDANÇAS QUE VOCÊ NÃO PODE IGNORAR

As oportunidades no Norte não vão desaparecer, mas as empresas que permanecem apenas no Norte encontrarão dificuldades para crescer. Pequenos movimentos em mercados estrangeiros destinados a desbravar os mares não são suficientes para confrontar o dinamismo dos concorrentes baseados no Sul. Cada vez mais, quando o momento certo chegar e a oportunidade se apresentar, você terá de tomar decisões sobre fazer uma grande aposta estratégica ou se tornar empreendedor em uma megaescala, como os pesos pesados no Sul fazem. De qualquer maneira, você vai precisar de apetite por risco maior a que muitos CEOs do Norte e suas diretorias estão acostumados. Além disso, talvez você precise considerar novos tipos de parcerias para crescer rapidamente.

O crescimento simultâneo de muitas economias está tornando a "grande escala" maior do que nunca, e o Sul está alcançando isso de maneira surpreendentemente rápida. As barreiras de entrada que as grandes empresas do Norte criaram, em muitos casos, já foram rompidas. Empresas jovens no Sul, auxiliadas por especialistas norte-americanos, japoneses e alemães, agora são capazes de competir de frente com os gigantes do Norte. Singapura tornou-se um centro financeiro do Sudeste da Ásia, Taiwan tornou-se um jogador dominante em semicondutores, e o Brasil está competindo com sucesso em jatos regionais. A Vale do Brasil pegou a onda da crescente demanda da China para se tornar o maior produtor de minério de ferro do mundo. O governo chinês se tornou conhecido por estimular a consolidação de concorrentes nacionais justamente para ganhar escala, como vem fazendo em automóveis e como tentou fazer em minerais de terras raras.

Concorrentes baseadas no Sul têm todo o capital de que necessitam para sua rápida expansão. Algumas têm financiamento do governo, na forma de empréstimos de baixo custo, outras usam fundos soberanos de seu país. Empresas de *private equity* estão em busca de oportunidades, bem como os investidores tradicionais, incluindo os mercados de ações do Sul. Uma empresa do Sul que demonstra uma trajetória de crescimento é recompensada com Índices Preço/Lucro (P/L) muito maiores que seus pares no Norte. Colgate, uma empresa do Norte com uma forte presença na Índia, tem um P/L de 17 no Norte, mas sua divisão indiana, listada separadamente na bolsa de valores daquele país, tem um P/L de 25.

Competir no Sul significa descobrir que os lucros financeiros, que há muito você vem desfrutando, podem estar em risco. Muitas empresas iniciantes prosperam com margens baixas, diminuindo a rentabilidade para todo o setor e questionando modelos de negócios e expectativas financeiras. Você está disposto a abrir mão de lucros nos primeiros anos para vencer no Sul? E será que você consegue convencer os mercados de capital a lidar com um horizonte de tempo mais longo?

Um crescimento explosivo coloca pressão sobre os recursos, incluindo insumos que podem ser críticos para seu negócio. Alguns grandes jogadores no Sul, com a ajuda de seus governos, estão fazendo acordos de longo prazo para garanti-los. Talvez você precise planejar fornecedores de materiais alternativos, insumos alternativos e fontes de energia alternativas, e até mesmo considerar a possibilidade de integração vertical.

Se decidir crescer agressivamente no Sul, você precisará de alguns líderes que podem navegar em partes muito diferentes do mundo e de outros que mantenham o Norte motivado e, ao mesmo tempo, que renovem o crescimento nos chamados mercados maduros. O importante é que você precisa de líderes que veem o mundo não apenas do ponto de vista de Nova York, mas também do de Pequim, Mumbai ou Buenos Aires. Um erro comum é a prática de enviar emissários aos países para cinco dias de visitas, supondo ser suficiente para entender o mercado — você estará se iludindo. Outro é forçar a inteligência de mercado local a aceitar uma hierarquia burocrática que concede pouca atenção ao Sul, pois ele representa apenas uma pequena porcentagem das receitas. A tomada de decisão tem de estar perto dos mercados, e os mercados devem ser segmentados.

Para começar, você precisa entender que o Sul tem seu próprio ecossistema econômico, que apenas em parte é definido por suas relações com o Norte. O comércio entre os países está explodindo. Ambições da China podem intimidar seus vizinhos, mas suas exportações para o resto do Sul continuam a crescer, e o país está buscando captar recursos na região. A Índia está investindo agressivamente em Bangladesh, Vietnã, Mianmar — cujas raízes antigas no budismo criam uma afinidade natural — e em países da África. Sua familiaridade com fracas infraestruturas e má gestão pública lhe dá uma vantagem ao lidar com essas nações. E, naturalmente, a América Latina tem uma longa história de comércio dentro de sua região. Agrupar todos os países do Sul sob o termo genérico "mercados emergentes" torna você vulnerável a concorrentes locais e experientes jogadores globais que já ocuparam espaços importantes. Você deve estar no local para compreender essa dinâmica. A real autoridade da tomada de decisão deve mudar, ou inclinar-se, para o Sul, junto com os investimentos. Quaisquer líderes que você designar ou contratar localmente devem ser de alto nível, para que você se sinta confortável confiando-lhes grandes decisões e orçamentos robustos.

A expansão requer empenho de pessoas e de dinheiro. Em termos práticos, isso significa extrair um pouco de ambos no Norte para construir o crescimento no Sul. Isso paralisa muitos líderes: eles não querem lidar com pessoas naturalmente preocupadas com a perda de sua esfera de influência ou mesmo seus empregos. Mas é praticamente certo que mudanças incrementais inibem o crescimento. Aproveitar as oportunidades de deslocamento do crescimento requer sair de sua zona de conforto e estabelecer o tempo e a direção corretos dessas mudanças organizacionais.

DISSECANDO A RUPTURA

Líderes que obtiveram sucesso justamente porque compreenderam todos os detalhes de seus setores e concorrentes imediatos agora devem dominar uma nova habilidade: entender e antecipar o contexto global dos negócios. Você precisa desenvolver a habilidade de detectar tendências que cruzam não apenas setores econômicos, mas também países, às vezes desafiando os princípios econômicos e comerciais com que você está familiarizado. Além disso, é preciso observar como as tendências se estendem e se curvam à medida que empresas e países agem e reagem uns aos outros. Quanto mais você entender essas relações, maior será sua vantagem competitiva.

Você também deve estar alerta para eventos que poderiam ser cruciais. Dada a velocidade que um jogador individual pode acumular recursos ou um governo pode mudar as regras do jogo competitivo, você deve desenvolver sua habilidade de imaginar consequências de segunda e de terceira ordem. É aí que um líder astuto pode ver uma curva à frente na estrada do tempo, enquanto outros a ignoram.

Líderes do Sul podem ter uma vantagem no Norte por causa das mudanças rápidas e multifacetadas com as quais eles tiveram de conviver, mas os líderes do Norte também podem adquirir essa habilidade. É uma questão de expandir a lente através da qual se vê o mundo e aplicar tanto o intelecto quanto a intuição para ir diretamente ao que interessa. E você não pode delegá-la a consultores ou outros especialistas, que terão seus próprios pontos de vista. As contribuições serão úteis, talvez até necessárias, mas você deve construir sua própria competência em fazer isso, porque sua visão de mundo irá embasar suas ações e decisões.

Não há desculpa para o analfabetismo geoeconômico ou geopolítico. A informação está facilmente disponível, no entanto, tempo para reflexão normalmente é mais escasso. Você deve conhecer as tendências para além de sua indústria e região geográfica. Tomemos, por exemplo, os padrões de comércio. Se a China continuará ou não a aumentar seu superávit comercial depende de vários elementos: a capacidade de manter suas vantagens com base na valorização da moeda e na mão de obra barata ou no aumento do consumo doméstico, e a relutância de outros países em tomar medidas protecionistas defensivas. Sua conclusão como líder pode depender da avaliação desses fatores.

Entre as tendências a observar está a mudança do papel do governo na atividade econômica. Os Estados Unidos vão se tornar mais eficientes na promoção dos seus interesses econômicos, e a China menos? Os países vão cooperar em questões comuns, como a reforma do sistema financeiro? Surgirão novos mecanismos para resolver disputas comerciais?

Você também não pode ignorar o sistema financeiro global. Por mais difícil que seja entendê-lo, você deve ser capaz de identificar por si mesmo os pontos fracos e os sinais de alerta precoces de uma nova crise. (Ninguém acredita que a madeira podre do risco sistêmico ficou para trás.) Você não precisa ser o presidente do Banco Central, mas deve dominar o básico.

Seu ponto de vista sobre o mundo lhe dá uma ideia melhor de como filtrar as fontes de informação de que você depende, do foco da empresa, da alocação de recursos, da seleção de pessoas e da organização dos esforços. Isso também mudará a maneira como você investe seu próprio tempo e energia mental.

A ESTRADA ACIDENTADA
PARA UM MUNDO MAIS IGUAL

Caminhamos em direção da expansão de riqueza e oportunidades para milhões de pessoas no mundo que estão saindo da pobreza para se tornar uma classe média emergente. O fosso entre países ricos e pobres está claramente se estreitando por meio de várias medidas. Uma delas é o que os consumidores podem comprar em seus mercados domésticos. Outra é a educação: considere o aumento do número de graduados em cursos técnicos, complementados por centros de tecnologia que empresas do Norte, como GE, Honeywell e Siemens, vêm construindo desde a década passada. Vai levar mais tempo para a infraestrutura interna, os canais de distribuição, a assistência médica e os mercados de capitais do Sul alcançarem uma paridade com o Norte, mas eles estão caminhando bem nessa direção.

BEM-VINDO AO MUNDO EM MUDANÇA

Embora a noção de paridade seja universalmente atraente em termos humanos, a transição será um desafio. Já vemos o cabo de guerra por recursos e empregos no entusiasmo dos países em praticar suas próprias versões do capitalismo e do livre comércio com vários graus de protecionismo. Desequilíbrios comerciais estão se multiplicando em número e tamanho. Quando os países do Sul ainda eram emergentes, eles normalmente incorriam em déficits com os países desenvolvidos do Norte. Hoje, a mistura de superávits e déficits não é tão nitidamente dividida. Levando-se em conta bens e serviços, em 2011, Alemanha e China desfrutaram amplos superávits (100,8 bilhões e 182,6 bilhões de dólares, respectivamente, em junho de 2010). Estados Unidos, Grã--Bretanha e Índia tiveram déficits comerciais pesados (600 bilhões, 61 bilhões e 145 bilhões de dólares).[1]

Por que esses dados macro importariam para alguém além dos economistas? Porque podem afetar seu próprio negócio no Sul. Por exemplo, o déficit crescente da Índia com a China está em um ponto que, caso a rúpia continue seu declínio, poderia causar danos a longo prazo. Muitas organizações indianas que fizeram empréstimos em moedas fortes nos últimos anos terão problemas para pagar suas dívidas; empresas do Norte que fazem negócios na Índia terão de se certificar de que seus clientes não estão em risco.

Mudanças econômicas de tal escala sísmica ocorrem apenas ocasionalmente na história humana. A última ocorreu ao longo de vários séculos, começando com o Renascimento europeu, quando China, Índia e Japão eram as economias mais poderosas do mundo. A atual se desenvolveu em apenas algumas décadas. Ela entrou em curso quando Deng Xiaoping assumiu o poder na China, cerca de três décadas atrás, e acelerou em meados da década de 1990, quando ele implementou reformas que transformaram a China na chamada economia de mercado socialista. Quando esse período começou, os EUA eram o poder dominante do mundo econômico, tecnológico e político. Dez anos mais tarde, era um gigante vacilante. Inovações financeiras e uma inundação de dinheiro foram alimentando o alto consumo. China e outros países do Sul forneciam as mercadorias, e os Estados Unidos acumulavam seu elevado déficit comercial. No início da década de 1990, os Estados Unidos deviam à China cerca de 10 bilhões de dólares. Em 2010, esse número alcançou 273 bilhões de dólares. Outras economias, especialmente Taiwan, Hong Kong, Cingapura e Coreia do Sul, prosperam à medida que ajudaram China, Índia e Tailândia a se desenvolver.

Pessimistas veem as batalhas ferozmente competitivas pelos fluxos de comércio e investimento como prova de que o mundo entrou em um jogo de soma zero. Nada poderia estar mais longe da verdade pela simples razão de que o bolo está crescendo a uma taxa extraordinária. Esse período traz uma oportunidade épica para os países do Sul — e novas oportunidades para as empresas do Norte com a habilidade e iniciativa para persegui-las.

.   .   .

Este livro é um guia e um kit de ferramentas para ajudar você a fazer diferença na sua empresa. Destina-se a abrir os olhos para o dinamismo que está inclinando o globo do Norte para o Sul. Esta obra irá, espero, capacitá-lo a ir além da retórica e das generalidades, como as reclamações sobre vantagens "injustas" da China, e a desafiar os ultrapassados pressupostos e ilusões que muitas vezes impedem os líderes de ver as imensas oportunidades que estão fora da sua linha de visão. O objetivo final deste livro é mostrar como você pode aproveitar as estupendas oportunidades oferecidas pelo que pode ser a maior mudança na história dos negócios.

Não se engane: para a maioria das pessoas de negócios, essa mudança representará o maior desafio de suas carreiras. O próximo capítulo explicará as forças aparentemente irrefreáveis que impulsionam essa mudança, e ajudará a entender por que elas são tão importantes para seu negócio. A seguir, você verá, em primeira mão, o espírito e as habilidades formidáveis dos líderes do Sul que estão tirando proveito dessas tendências para inserir suas empresas no cenário global.

BEM-VINDO AO MUNDO EM MUDANÇA

A segunda parte do livro oferece conselhos práticos para ter sucesso nessa ruptura. Você saberá por que velhas formas de pensar sobre estratégia falham nesse ambiente, e por que você pode ter que abandonar suas crenças sobre as competências essenciais a fim de considerar movimentos mais ousados, talvez até uma grande aposta estratégica (Capítulo 4). Você precisa aprimorar diferentes habilidades de liderança, incluindo especialmente as *soft skills* (competências pessoais), cruciais para administrar o que eu chamo de sistemas sociais da organização (Capítulo 5). Você vai descobrir por que as mudanças no poder, nos recursos e no comportamento já devem estar fundamentadas na organização antes mesmo de uma mudança na estrutura (Capítulo 6). Por fim, no Capítulo 7, você terá sugestões e ideias de várias empresas do Norte que estão superando os desafios da ruptura.

Convido-o a dedicar um pouco do seu tempo e sua energia para aprender sobre a ruptura, suas forças, seu impacto e sua velocidade. Forme uma imagem integrada da paisagem externa em mudança. Você vai encontrar um caminho mais claro para tomar melhores decisões e estará mais bem preparado para liderar.

CAPÍTULO DOIS

O QUE VOCÊ PRECISA
SABER ANTES DE MAIS NADA

Hoje, sua empresa está enfrentando forças poderosas e imprevisíveis. Elas variam de instabilidades no sistema financeiro global a uma reviravolta tecnológica e mudanças bruscas na política governamental. Ao mesmo tempo, o rápido crescimento do Sul oferece grandes oportunidades.

Este capítulo explica essas forças e mostra o que elas significam para você. Ele é necessariamente longo porque há muitos fatores a levar em conta, mas é uma leitura essencial. Os líderes de sucesso que eu tenho observado tanto no Norte quanto no Sul têm uma visão ampla e profunda do que está acontecendo para além das fronteiras de seu país de origem. Eles dominam o ambiente global externo. Estão em sintonia com as mudanças no poder econômico de vários países, com as várias tendências que estão moldando e remodelando os mercados e a sociedade, bem como a composição do PIB e as mudanças demográficas que impõem pressão sobre os recursos.

Tal domínio é a base dos casos de sucesso sobre os quais você vai ler a seguir e o pré-requisito para determinar quais mudanças estratégicas e organizacionais você precisa fazer. Se você estiver muito impaciente, intimidado, indiferente ou arrogante para construir essa competência, sua liderança corre o risco de ficar obsoleta. Nunca é demais enfatizar: não importa se você é o CEO ou a pessoa na linha de frente, interagindo diretamente com os clientes, você simplesmente não pode planejar e operar sem uma sólida compreensão da dinâmica e das regras que estão emergindo no ambiente global externo e causando a ruptura. Elas estão mudando cada aspecto do mundo no qual você faz negócios. Você tem de se afastar dos detalhes limitadores de seu negócio e setor, ter uma visão mais ampla do mundo, escolher as principais tendências ou itens que poderiam virar de cabeça para baixo o mundo com o qual você está acostumado e, finalmente, criar oportunidades únicas.

Em minha opinião, as mais importantes forças motrizes da ruptura são o sistema financeiro global, a concorrência entre países que jogam com regras diferentes, as áreas de expansão da digitalização e da comunicação móvel, e a onda de inovação que essas forças desencadeiam, mudando os grupos demográficos e a pressão sobre os recursos e seus preços. Cada uma, por si só, é suficiente para perturbar seu futuro, mas você não pode apenas olhar para elas individualmente, como fenômenos separados, porque elas influenciam umas às outros. Se você não entender suas inter-relações, elas poderão sabotar seu planejamento.

Seu objetivo é voar mais alto. É como a vista de um avião, em oposição à de um carro. A partir dessa perspectiva, você pode ver o verdadeiro caráter das mudanças externas. Crie uma rede de pessoas nas quais você pode confiar, incluindo colegas de outros setores e organizações, para compartilhar observações e analisar coletivamente o ambiente de rápida mudança. Você deve privilegiar pessoas diferentes entre si na forma de pensar, nos conhecimentos e apetites por risco. Você pode criar cenários, decidir qual é o mais provável e observar de perto para saber se os julgou corretamente.

Quanto mais sintonizado você estiver com o ambiente externo, melhor será sua posição para detectar não só as tendências irrefreáveis como também aqueles eventos aparentemente pequenos, mas decisivos — por exemplo, a introdução de um produto inovador por um concorrente não tradicional ou uma nova legislação —, que desafiam seus pressupostos e mudam o jogo. Sua capacidade de ver essas mudanças complexas — à frente dos outros ou mais precisamente que eles — irá melhorar. Você será melhor em antecipar as ações e reações de concorrentes e países. E sua psicologia mudará: você deixará de se sentir oprimido e ansioso e passará a desfrutar da confiança e a autoestima de um líder.

UM SISTEMA FINANCEIRO EM RISCO

Vamos começar com o sistema financeiro global, afinal, nada mantém os países tão intrinsecamente ligados ou desempenha um papel tão grande na condução da economia global. Contudo, o sistema também é a maior causa de incerteza e volatilidade da economia real (a de bens e serviços), pois não há nenhum órgão central de gestão e nenhum conjunto de regras aplicáveis.

Há quatro fatos essenciais que um líder deve ter em mente: o sistema financeiro é enorme. Vem crescendo a uma velocidade impressionante. É tão interligado, complexo e pouco transparente que até mesmo os especialistas mais experientes lutam para compreendê-lo; muito possivelmente ninguém no mundo consegue. E, mais do que nunca, é assustadoramente instável.

Comece considerando o quanto ele cresceu desde 2000. Segundo a pesquisa do McKinsey Global Institute, o valor total do mercado financeiro mundial, que inclui a capitalização do mercado de ações, títulos em circulação e empréstimos, mais que dobrou, alcançando US$ 196 trilhões em 2007. A crise financeira derrubou esse valor para US$ 175 trilhões em 2008, mas no final de 2010, o total já havia subido para US$ 212 trilhões. Os fluxos transnacionais de capitais ainda têm de recuperar o terreno perdido; eles cresceram de US$ 5,8 trilhões em

BEM-VINDO AO MUNDO EM MUDANÇA

2000 para US$ 11,2 trilhões em 2007; em 2010, atingiram apenas US$ 4,4 trilhões.[1]

Muitos agentes financeiros direcionam esses fluxos de capital. Além dos bancos e dos investidores tradicionais, fundos de *private equities* dos Estados Unidos, da Inglaterra e de outros países da Europa mudaram seu foco para o Sul. Apesar das frequentes restrições contra as participações majoritárias com as quais estão acostumados no Norte, eles vêm estabelecendo unidades especiais para concentrar os investimentos em lugares como China e Índia, fornecendo o capital necessário para as empresas do Sul se expandirem. Os fundos soberanos se somam ao poder de fogo, especialmente quando se associam com os fundos de *private equities* ou aos fundos *hedge*. Três quartos de todo o dinheiro está no Oriente Médio ou na Ásia, a maior parte acumulada com a venda de recursos naturais como petróleo ou, no caso da China, com o resultado de seu enorme superávit comercial, em grande parte com os Estados Unidos. De acordo com um relatório do Sovereign Wealth Fund Institute, Bahrein, Kuwait, Omã, Qatar, Arábia Saudita e Emirados Árabes Unidos tiveram US$ 1,4 trilhão em ativos sob gestão em março de 2010. O maior fundo soberano de todos é o Abu Dhabi Investment Authority (ADIA), que tinha cerca de US$ 650 bilhões em ativos no segundo trimestre de 2011. Cingapura, Noruega, Venezuela e China também têm fundos consideráveis. Muitos são geridos pelas melhores consultorias financeiras do mundo, como a BlackRock, que busca oportunidades de investimento mundialmente.

Essas fontes podem combinar-se, por exemplo, por meio de parcerias, para criar fluxos ainda maiores de capital e financiar investimentos de escala sem precedentes, capazes de ajudar a transformar um pequeno concorrente em uma potência mundial, praticamente da noite para o dia. Ou podem mover-se em uníssono, fazendo estragos nas taxas de câmbio, no mercado de ações e no equilíbrio da balança comercial de uma nação. Por exemplo, quando os investidores começam a perder a confiança em uma nação, eles podem retirar seus fundos em apenas um dia — mais rapidamente do que em qualquer momento na história — causando uma perda devastadora de liquidez e um grande pânico. O fluxo de crédito é interrompido, o que provoca um declínio na economia real. Assim estavam Grécia e Espanha na época em que este livro era escrito.

O capital móvel tem impulsionado o crescimento em todo o mundo e, em particular, tem alimentado a inclinação, expandindo as economias dos países em todo o Sul. A China é a vitrine: empresas multinacionais de Hong Kong, Estados Unidos, Taiwan, Europa e Japão começaram a investir significativamente no Sul no início da década de 1990, quando a economia chinesa era incipiente, e seu superávit comercial, minúsculo. Mais da metade das exportações da China nesse ponto eram de empresas não chinesas que aproveitavam as diferenças de custo da mão de obra e da moeda — *arbitragem* é a palavra dos economistas para a busca de vantagem a partir dessas diferenças. Mesmo quando os custos da mão de obra e do valor de sua moeda, o yuan, aumentaram gradualmente, os grandes mercados e a experiência em indústrias de rápido desenvolvimento da China continuaram a atrair capital.

A velocidade e a eficiência com as quais o capital se move ao redor do mundo são maravilhosas. No entanto, há uma desvantagem: a volatilidade. As diferenças das taxas de juros medidas em frações de um ponto percentual atraem grandes fluxos de capital estrangeiro de uma região geográfica ou classes de ativos para outra, em busca de retornos mais elevados. No mundo digital de hoje, aqueles que controlam o capital podem ter acesso às mesmas informações instantaneamente. Algoritmos computadorizados orientam grande parte dos investimentos, de tal modo que os investidores, muitas vezes, se movem em bando, criam bolhas de ativos e falências ou súbitas mudanças nas moedas locais ou nos preços das commodities.

Os países tentam proteger suas economias dos efeitos nocivos dessas oscilações controlando o fluxo de capital especulativo. A China exerce um enorme controle, em todas as entradas e saídas de capital, inclusive. Além disso, seus US$ 3 trilhões de reservas são uma forte arma de negociação e proteção contra qualquer perturbação da economia interna. O governo indiano também regula com cuidado o investimento institucional estrangeiro (IIE) e o investimento estrangeiro direto (IED), como fazem as nações destruídas pelo "contágio asiático" de 1997, quando a Tailândia teve de desvincular sua moeda, o baht, do dólar, porque não tinha reservas em moeda estrangeira suficientes para sustentar uma taxa fixa. O colapso do baht desencadeou uma reação em cadeia de desvalorizações e perdas financeiras no Sudeste Asiático e no Japão. Foram necessários dois anos e um programa do FMI de estabilização da moeda de US$ 40 bilhões para que as economias atingidas começassem a se recuperar.

Mas é praticamente impossível conter o fluxo de capitais ou isolar seus efeitos. Por exemplo, quando o Federal Reserve injetou US$ 600 bilhões no sistema financeiro em 2010, por meio de *quantitative easing* (ou "QE2": a política de compra de títulos do governo para aumentar a oferta de dinheiro), parte desse dinheiro logo encontrou seu caminho nas taxas de juros maiores de Hong Kong, onde o índice Hang Seng disparou, e os valores dos imóveis inflaram. Tanto dinheiro foi derramado no Brasil que seu ministro da fazenda declarou que o país era vítima de uma guerra cambial. Quando os preços inflaram, e a produção industrial começou a desacelerar, o governo brasileiro instituiu um imposto de 6% sobre os investimentos estrangeiros. A Tailândia tomou um rumo semelhante para conter a entrada de capitais: um imposto de 15% sobre juros e ganhos de capital com títulos do governo e empresas estatais.

Em outubro de 2012, a diretora do Fundo Monetário Internacional, Christine Lagarde, advertiu que o dinheiro fácil dos bancos centrais dos Estados Unidos e de outros países em desenvolvimento estava criando um risco de "bolhas de preço de ativos" nos países emergentes.[2]

Algumas formas de controle — por exemplo, a manipulação para manter uma moeda artificialmente baixa e assim impulsionar as exportações — são geralmente consideradas práticas comerciais desleais. Mas, reconhecendo a nova realidade, em 2011, o Fundo Monetário Internacional, que sempre estimulou os fluxos livres de capital, definiu orientações legitimando o controle quando um país é incapaz de usar a política monetária ou fiscal para se proteger de um ataque especulativo.[3]

POR QUE O DINHEIRO ESTÁ INDO PARA O SUL

Por enquanto, o investimento de capital em ativos tangíveis continua a fluir. Ele é direcionado para o Sul principalmente quando as empresas do Norte mudam seus investimentos em fábricas, armazéns, cadeias logísticas e lojas de varejo. Na última década, a maior parte do dinheiro foi para o Brasil, Rússia, Índia e China — os países do BRIC. Mais recentemente, refletindo o contínuo aumento da lista de nações emergentes para o status de "em desenvolvimento", os novos destinos incluem Colômbia, Indonésia, Vietnã, Egito, Turquia e África do Sul (CIVETS). Exceto por uma calamidade global, novos países continuarão a entrar na festa nas próximas décadas.

Embora o fluxo do Norte para o Sul seja a tendência geral, o cenário não é tão simples. Alguns fluxos de capital vão contra a maré, quando as empresas do Sul buscam acessar os grandes mercados e o know-how do Norte. O fluxo do Sul para o Norte tende a aumentar à medida que as empresas do Sul buscam empresas de lá, que estejam desvalorizadas e enfraquecidas pelas forças da ruptura econômica em questão. O capital pode até fluir nos dois sentidos no mesmo setor, caso dois protagonistas com estratégias diferentes vejam uma grama mais verde do outro lado. No final de 2011, por exemplo, a Gap anunciou que planejava fechar um quinto de suas lojas nos Estados Unidos e triplicar suas lojas na China. Mesmo com a Gap cortando investimentos em sua base doméstica, sua rival japonesa, Uniqlo, estava construindo lojas em território norte-americano —

apesar de seu crescimento relativamente lento, a economia dos EUA ainda é enorme.

Quando buscam capital para crescer, as empresas do Sul muitas vezes obtêm financiamento de múltiplas fontes, dentro e fora de seus países de origem. Por exemplo, no final de 2011, a Reliance Power Limited, da Índia, recebeu a aprovação do governo para tomar emprestados US$ 2,2 bilhões de bancos nos EUA e na China a fim de financiar parcialmente um projeto de energia. Além disso, os investidores globalmente conectados de hoje formam parcerias e buscam oportunidades no Sul para fazer investimentos. É por isso que a Bharti Airtel foi capaz de comprar a Zain por US$ 10,7 bilhões; os banqueiros que viram o potencial de crescimento ficaram mais do que felizes em financiar a expansão global da empresa.

Os investimentos transnacionais em ativos financeiros — investimentos institucionais estrangeiros (IIF) — estão se deslocando para o Sul junto com o investimento estrangeiro direto (IED, investimento feito por empresas em ativos físicos). As bolsas de valores têm florescido, e investidores do mundo inteiro têm sido atraídos para lá pela razão usual: as enormes oportunidades de crescimento. O grande influxo de capital nos últimos anos elevou os índices PL (preço-lucro), a ponto de algumas empresas no Norte designarem suas subsidiárias no Sul para se beneficiar da diferença.

Esses movimentos de capital têm forte influência sobre quais regiões e quais setores da economia vão crescer e se desenvolver, e quais vão perder força. Uma inundação de dinheiro não é, contudo, sempre uma bênção se a fome por crescimento criar riscos excessivos ou superprodução. Ao destruir as barreiras à entrada, o excesso de capital pode arruinar a taxa de retorno sobre o investimento para um setor econômico inteiro, como aconteceu com a indústria da aviação nos Estados Unidos, na Europa e Índia. O investimento institucional estrangeiro também afeta o câmbio, a balança de pagamentos e as relações geopolíticas. Os imensos investimentos dos fundos soberanos da China em títulos do tesouro norte-americano ajudaram a sustentar o apetite

O QUE VOCÊ PRECISA SABER ANTES DE MAIS NADA

do Ocidente pelo consumo e contiveram o valor do yuan. Os fundos soberanos do Oriente Médio socorreram financeiras americanas e britânicas após a crise. Tais relações vinculam os destinos dos países envolvidos e mudam a dinâmica do poder.

O superávit comercial da China acentuou essa ruptura, canalizando capitais diretamente para as empresas que competem com o Norte. O governo chinês detém participações majoritárias em algumas das maiores empresas do país.

Essas empresas estatais (EEs) representam 30% de todos os ativos industriais na China e são dirigidas por gestores sintonizados com os objetivos e as políticas do governo central. Outros países têm usado seu superávit comercial para o mesmo fim. Em 1976, o governo da Arábia Saudita criou a Saudi Basic Industries Corporation (SABIC), tendo uma participação de 70%. A SABIC é hoje um dos maiores produtores de derivados do petróleo do mundo e está se expandindo globalmente. Está adquirindo tecnologia — comprou a GE Plastics, em 2007 — e entrando em mercados em crescimento, por exemplo, por meio de *joint ventures* na China com a empresa chinesa Sinopec.

Há outra maneira de o Sul ter mais acesso a capital de investimento: as empresas de lá e seus donos são mais pacientes em obter o retorno sobre seu investimento que as do Norte. "Curto-prazismo" — a ênfase excessiva em resultados de curto prazo — é a força motriz para os investidores institucionais norte-americanos, que detêm grande parte do total de ações nos EUA. A obsessão de Wall Street por lucros trimestrais favorece as empresas que, basicamente, alienam seus contratos futuros, mesmo à custa da saúde de longo prazo do negócio e da economia doméstica. O julgamento não desempenha um grande papel; modelos econométricos proprietários (conhecidos como "caixas pretas") direcionam ou tiram capital de um setor, indústria ou empresa específica. Na maioria das empresas, os incentivos salariais aos CEOs premiam principalmente os líderes que alcançam os objetivos de desempenho de curto prazo. Aqueles que não se saem bem como os bambambãs do mercado de capitais costumam ser criticados e substituídos. Contanto que o setor financeiro mantenha seu poder sobre as economias reais do Norte, os concorrentes do Sul podem se preparar para o futuro, enquanto seus concorrentes do Norte são forçados a abrir mão de oportunidades semelhantes.

INSTABILIDADE PERIGOSA

Depois de perceber a interconectividade do sistema financeiro global e sua importância para o bem-estar econômico mundial, você começa a entender por que sua instabilidade é assustadora. É um problema não apenas para os investidores, mas também para as grandes corporações; e que tem sido agravado pela falta de vontade política dos vários agentes governamentais para enfrentar as forças que estão causando a incerteza. A crise financeira que começou em 2007 e atingiu seu auge em setembro de 2008 revelou a instabilidade e o descontrole do sistema. Pior: acelerou a ruptura porque minou as economias do Norte, aumentando significativamente a dívida pública, elevando o desemprego, sufocando o consumo e diminuindo os investimentos. A crise abalou a confiança da comunidade dos negócios, que posteriormente tornou-se receosa de investir qualquer dinheiro que tivesse disponível. Além disso, exacerbou a crise política no Norte, desviando as atenções do poder crescente do Sul e, em particular, do fato de que o déficit comercial dos EUA foi, em grande parte, com um país: China. Na verdade, penso que é um memorável evento transformador, cujos efeitos vão continuar criando desafios para os líderes empresariais e políticos nos próximos anos.

A crise gerou uma enxurrada de ações em Washington, incluindo o projeto de lei Dodd-Frank para reforma financeira, os esforços para aguçar o escrutínio das agências reguladoras e, talvez o mais importante, análises e divulgações contínuas sobre o que deu errado e quais problemas permanecem. (Veja, no final deste capítulo, o apêndice "A crise financeira global: quem sabe o que é?" e conheça minha análise sobre a causa da crise.) Mas, na realidade, uma verdadeira correção está longe de acontecer. Você tem de se preparar para mais problemas.

As sementes da crise estão no insaciável impulso das empresas de Wall Street de maximizar o valor para seus acionistas, fazendo a maior alavancagem possível com as novas técnicas de securitização. Uma peça-chave dessa crise foi o chamado sistema bancário global paralelo, basicamente não regulamentado, que inclui o setor de mercado de capitais norte-americano, estimado em US$ 2,6 trilhões. Ninguém pensou em como as ações irrestritas dos agentes individuais poderiam se combinar para afetar todo o sistema. O pensamento sistêmico, em suma, estava (e ainda está) totalmente ausente, de modo que, por exemplo, nenhuma atenção foi dada ao fato de que cerca de 80% do risco dos instrumentos financeiros tóxicos estavam fluindo para uma única organização, a AIG. Era como uma lama escoando de múltiplos afluentes para o mesmo rio estreito, acabando por entupir a corrente. Para agravar o problema, foi adotada a filosofia do então presidente do Federal Reserve, Alan Greenspan, que acreditava que os mercados se corrigiriam sozinhos. Esse ponto de vista era compartilhado pelo então presidente norte-americano George W. Bush.

O sistema que afeta a vida de bilhões de pessoas ao redor do mundo continua a ser supervisionado por agentes totalmente descoordenados. Em sua maior parte, a governança do sistema financeiro global está nas mãos de agências reguladoras, de administrações presidenciais e do congresso norte-americano. Sua eficácia sofre de várias desvantagens. A supervisão é dividida entre várias agências; além de descoordenadas, elas são ludibriadas pelo talento daqueles que trabalham para as empresas que deveriam regular e com uma remuneração bem superior. Além disso, há uma constante movimentação de pessoas entre a indústria de serviços financeiros e as agências reguladoras. Muitos executivos da Goldman Sachs foram trabalhar no Federal Reserve, no

BEM-VINDO AO MUNDO EM MUDANÇA

Departamento do Tesouro e em outras agências, ou foram contratados pela Goldman nessas agências durante as últimas três administrações. Dois dos mais proeminentes são o secretário do Tesouro de Bill Clinton, Robert Rubin, e o secretário do Tesouro de George W. Bush, Hank Paulson, que liderou o programa de resgate em 2008 e nomeou o ex-vice-presidente da Goldman, Neel Kashkari, para supervisionar US$ 700 bilhões do fundo TARP (Troubled Asset Relief Program). Embora seja importante para as agências terem experiência e conhecimento profundo do sistema financeiro, a porta giratória entre os grandes bancos e as agências reguladoras não contribui para uma governança mais objetiva e eficaz. A legislação é filtrada por várias comissões do Congresso com pouca experiência e escrava de interesses especiais.

Mesmo os órgãos reguladores que se esforçam para fazer a coisa certa, especialmente o Federal Reserve, podem ser minados por agentes privados. Eles caem em um jogo de gato e rato com agentes de mercado muito mais poderosos. Esses órgãos devem levar esses jogadores em conta quando tomam suas decisões, porque estes últimos tentam antecipar o que farão os reguladores, especialmente o Banco Central, para poder planejar suas próximas decisões. Tais decisões podem até mesmo anular os esforços dos bancos.

Vários interessados fora do próprio sistema e sem autoridade legal — especialmente as agências de classificação de risco, como a Moody's, a Standard & Poor's e a Fitch — têm enorme influência sobre ele. Suas avaliações das condições financeiras afetam a disponibilidade e o custo de capital disponível para as nações, setores econômicos e empresas. Um rebaixamento na classificação pode causar uma queda acentuada no preço das ações de uma empresa ou aumentar o custo dos empréstimos. Entretanto, essas empresas não são responsabilizadas quando tomam decisões erradas, como fizeram quando deram a títulos podres uma classificação AAA, antes da crise financeira. Além disso, o sistema financeiro global está perigosamente opaco. Negociações de enorme magnitude são feitas fora da vista do público por meio de *program trading* (sistema de negociação de ações baseado em programas de computador) e dos chamados *dark pools* (plataformas eletrônicas de investimentos que atuam fora da bolsa). Em sua maioria, são transações baseadas em algoritmos, feitas em blocos e fora da vista do público, invisíveis, portanto, para os reguladores — fazendo que os riscos se concentrem sem ser detectados. É uma das principais razões por que os mercados não podem se corrigir por si mesmos, já que nem todos os jogadores estão jogando com as mesmas regras. Os sistemas de *back-office* e a tecnologia das agências reguladoras não são páreo para os processadores modernos que negociam em nanossegundos.

Isto posto, o controle dos mercados financeiros está concentrado em um pequeno número de empresas extremamente poderosas. No livro *Predator Nation*, Charles H. Ferguson dá sua explicação para a crise financeira: "No momento em que a bolha começou, os serviços financeiros norte-americanos eram dominados por cinco bancos de investimento independentes, quatro grandes conglomerados financeiros, três seguradoras e três agências de classificação".[4] Eram jogadores tão grandes que o colapso de qualquer um deles poderia colocar em risco todo o sistema financeiro. Além disso, Ferguson acrescenta: "Muitos mercados individuais foram e continuam sendo ainda mais concentrados do que toda a indústria. Cinco instituições controlam mais de 95% de todo o comércio de derivativos no mundo, e duas delas — Goldman Sachs e JPMorgan Chase — controlam quase a metade. Um grupo de cerca de uma dúzia de bancos controla a LIBOR — a taxa usada para definir quase todas as taxas de juros de curto prazo. Os cinco maiores bancos de investimento dominam o mercado de ofertas públicas iniciais, frequentemente dividem partes de tais ofertas entre si e cobram exatamente a mesma taxa".[5]

Alguns especialistas dizem que as decisões-chave no sistema financeiro global são feitas por um seleto grupo de cinquenta pessoas ou menos dessas empresas. Elas se movem com frequência de uma empresa para outra. Muitas vezes, uma empresa leva uma equipe inteira de outra. Com o tempo, eles construíram redes sociais informais,

BEM-VINDO AO MUNDO EM MUDANÇA

não apenas entre si, mas também com os reguladores, e a maioria foi empregada dessas empresas ou irá para essas empresas assim que sua curta permanência no governo terminar.

FORMANDO SEU PRÓPRIO PONTO DE VISTA

Daqui em diante, a compreensão de como o sistema financeiro global funciona irá ajudá-lo a navegar pelas complexidades e incertezas usando seu próprio bom senso. Você será capaz de seguir as tendências da disponibilidade de capital e a direção geral de seu fluxo, bem como prestar atenção aos excessos, que podem causar uma ruptura no sistema. Você pode pensar: *melhor deixar isso para os especialistas*, mas estaria errado. Você está tão bem capacitado quanto os especialistas para fazer isso por três razões básicas.

Primeiro, os experts mais respeitados, mesmo aqueles cujas pesquisas e opiniões são declaradas na imprensa de negócios, são especialistas. Eles veem o sistema financeiro através da lente estreita da disciplina na qual foram treinados. Suas ideias são muitas vezes espantosas e profundas, mas suas interpretações são do ponto de vista da sua área de especialização, em vez do sistema total. Segundo, quase todos esses especialistas defendem uma ideologia específica. Uma delas é a de que os mercados vão se corrigir, portanto, o governo não deve intervir. A ideologia oposta é de que a regulamentação só pode prevenir e corrigir problemas. Os especialistas em ambos os campos fazem suposições com base em suas crenças que acabam sendo integradas em seus modelos matemáticos. As suposições tornam-se opacas, e os modelos se concentram nos aspectos estreitos do sistema financeiro. Terceiro, grande parte da informação produzida a partir de fontes públicas e privadas é subjetiva e ambígua; a aparência de precisão muitas vezes é falsa. As estatísticas de desemprego dos EUA, por exemplo, são notoriamente volúveis. Quase todas as informações vindas da China não são confiáveis.

O QUE VOCÊ PRECISA SABER ANTES DE MAIS NADA

A melhor coisa a fazer é usar o conhecimento e as informações que os especialistas fornecem para formar seu próprio ponto de vista do sistema total, vendo padrões do mais alto nível e concentrando-se no que realmente importa. Tenha em mente que esse não é seu antigo ambiente, em que você trabalha com normas estabelecidas e familiares, desenvolvendo um instinto para descobrir as informações que importam. Você precisará peneirar diversos fatores para selecionar os poucos que são cruciais. Além disso, terá de submeter esses fatores a diversas permutações e combinações para conectá-los e, assim, formar uma visão. Muitas pessoas debatem com outras para testar suas hipóteses; o segredo é avaliar quem pode ser confiável. Com a prática, você irá aprimorar suas habilidades e obter seu próprio sentido.

Por exemplo, suponha que você fabrique automóveis no Brasil. Para você, o que significam grandes quantidades de capital entrando no país? Os carros vão ficar mais caros em comparação com as importações, uma vez que a moeda local está se valorizando. Isso pode continuar por um longo tempo, destruindo sua indústria. O que você pode fazer para salvar sua pele? A redução de custos não será suficiente, mas, talvez, o governo possa ajudar — não com planos de resgate financeiro ou similares, mas com uma mudança de política que taxa as importações. Por que o governo faria isso? Você precisa montar uma delegação de pares na indústria que possa mostrar quais serão as consequências para o país se nada for feito.

No entanto, essa invasão de divisas também pode representar uma oportunidade. Você é o CEO de uma empresa indiana com metade de sua receita em dólares e nenhuma dívida, enfrentando as mesmas forças. Se estiver monitorando o sistema financeiro global, você verá que tem uma opção estratégica brilhante para seguir em frente. Com taxas de juros sempre ou quase sempre baixas, você poderia levantar fundos por meio de empréstimos de longo prazo em dólares americanos e usar o dinheiro para fazer uma aquisição estratégica, que é uma chance única na vida para levar sua empresa a um novo nível.

BEM-VINDO AO MUNDO EM MUDANÇA

O ESTADO INTERVÉM

O cientista político Ian Bremmer conta uma história no início de seu livro *The End of the Free Market*.[6] A cena é uma reunião em Nova York, em 2009, entre um grupo de economistas e estudiosos e o vice-ministro estrangeiro, He Yafei, da China. Bremmer escreve: "O vice-ministro, sorrindo, iniciou a reunião com uma pergunta: 'Agora que o mercado livre fracassou', ele perguntou, 'qual vocês julgam ser o papel apropriado para o Estado na economia?'".

Como disse Mark Twain sobre os rumores de sua morte, o pronunciamento é prematuro. A maioria dos países continua a permitir que as forças de mercado conduzam suas economias. E essas forças são sempre reguladas e guiadas até certo ponto — os mercados totalmente livres e puros imaginados pelos economistas românticos estão longe de ser encontrados na realidade. Até os EUA, campeões do mundo do mercado livre, tem algumas formas de protecionismo, como os subsídios agrícolas.

Mas o protecionismo agora é comum e vai muito além dos clássicos exemplos, citados por economistas, de tarifas e cotas de importação para incluir limites à participação no capital, exigências de conteúdo local, aprovações de certificação que favorecem as empresas locais, restrições às exportações, manipulação da moeda e, talvez mais insidioso, o forte apoio do governo a empresas e indústrias selecionadas. Comparativamente, os esforços anteriores eram banais. Órgãos como a Organização Mundial do Comércio amenizavam as críticas a subsídios injustos, e os acordos de comércio facilitavam o livre fluxo de bens e serviços.

A extensão desses controles reflete a arquitetura política de uma nação, que vai desde o papel minimalista do governo dos EUA ao autoritarismo blindado de Cuba e da Coreia do Norte, inspirado no comunismo da era soviética. De modo geral, uma arquitetura democrática significa menos controle, mas nem sempre. Cingapura, por exemplo, é uma democracia, mas seus eleitores apoiam um governo que tem poderes substanciais para moldar e direcionar a atividade comercial.

À medida que os países competem por vantagens, as empresas acabam ficando no meio do fogo cruzado. Por exemplo, em 2011, o governo brasileiro usou sua participação em uma empresa de mineração, a Vale, para forçar uma mudança na liderança e reforçar os objetivos do desenvolvimento econômico nacional. Apesar de um mandato de 10 anos de sucesso e apoiado pelos investidores, o CEO da Vale, Roger Agnelli, foi retirado do cargo, porque mantinha o foco na China, em vez de investir localmente em indústrias criadoras de empregos, como a siderúrgica, a da construção naval e a de fertilizantes. O nacionalismo venceu sobre o que parecia ser uma prática comercial saudável.

O rótulo de Bremmer para uma política altamente intervencionista do estado na economia é *capitalismo de Estado*. Se os governos que praticam o capitalismo de Estado conseguirem executar suas políticas, poderão ter uma vantagem notável no mercado global: a determinação. Alguns países podem executar suas políticas melhor que outros. As democracias, com sua necessidade de equilibrar visões e demandas conflitantes, vão agir mais lentamente em face das divisões internas. De fato, elas podem se mostrar tão indecisas a ponto de se tornar quase paralisadas, como nos casos do Japão e da Itália, devido à sua arquitetura política. Ultimamente, os Estados Unidos caíram em um impasse semelhante por causa de sua política altamente polarizada. As democracias, ao que parece, agem rápida e decisivamente apenas quando enfrentam emergências nacionais reais ou percebidas que unem as diferentes posições políticas sob uma agenda comum.

O DESAFIO DO CAPITALISMO CHINÊS

Nenhum país pratica o capitalismo de Estado com mais habilidade e agressividade que a China. Como ela está destinada a ultrapassar os Estados Unidos no PIB em um futuro não muito distante, você deve entender em detalhes como o país funciona. A abordagem da China marca a primeira vez na história moderna em que uma nação

BEM-VINDO AO MUNDO EM MUDANÇA

tem o respaldo econômico de um importante parceiro comercial e ainda conta com as táticas competitivas de um jogador ambicioso. Essa versão de capitalismo de Estado é particularmente eficaz porque combina vários elementos: planejamento consciente e pragmático de excelentes especialistas, incluindo consultores do Norte; uma arquitetura política que coordena os órgãos governamentais e os responsabiliza; um aparato executivo com recompensas e punições desde os níveis centrais até o nível local; e uma forma híbrida de empreendedorismo que combina negócios e governo.

A China defende a intensa participação do governo na construção de empresas, alegando necessidades nacionais. Seus objetivos são incrivelmente ambiciosos: continuar a transformação de uma nação que vai levar seus cerca de 1,4 bilhão de habitantes da pobreza à prosperidade e, ao mesmo tempo, expandir a liberdade pessoal de uma forma controlada e incremental. Seus líderes são profundamente — e não irrealisticamente — temerosos da agitação social que poderia inviabilizar sua transição gradual para o mundo econômico moderno, e, portanto, fazem tudo o que podem para manter os empregos em crescimento. Atualmente, por exemplo, a crescente diferença de renda entre as populações rural e urbana está motivando um programa para criar novos e menores centros urbanos ancorados em torno de indústrias.

As ações da China também refletem intenções globais mais amplas: fazer do yuan uma moeda de reserva, construir extraordinárias reservas financeiras, assegurar recursos naturais no mundo todo — e ser um líder mundial. Seu foco imediato está no poder econômico. Por exemplo, por meio da construção de estradas, portos e gasodutos, a China tem mostrado sua intenção de canalizar os fluxos de comércio com o Sul para o interior do país. Com o poder econômico, vem o poder político.

Cingapura foi um modelo valioso para a China. Com Lee Kuan Yew, primeiro-ministro de Cingapura, os chineses aprenderam a estratégia de criar uma economia baseada nas exportações: traga industrialização com arbitragem salarial e monetária, em seguida, suba na cadeia de valor; certifique-se de colocar as pessoas competentes no comando, com pagamento de incentivos associados ao desempenho da economia. Mas a China ultrapassou, em muito, o mestre ao conduzir o capitalismo em favor do Estado e também colocar em prática um conselho importante: formar reservas estrangeiras que vão protegê-la da imprevisibilidade e das fortes oscilações das sociedades democráticas capitalistas.

UM TIPO DIFERENTE DE PLANEJAMENTO CENTRAL

A China torna suas prioridades econômicas explícitas e visa desenvolver indústrias específicas em seu plano quinquenal, um documento abrangente que define detalhadamente tudo o que o Estado espera alcançar no próximo período. Agora, o país está executando seu décimo segundo plano quinquenal. Um dos objetivos declarados é desenvolver oito *indústrias estratégicas emergentes*: energia alternativa, biotecnologia, nova geração da tecnologia de informação, indústria de alta tecnologia, materiais avançados, carros movidos a combustíveis alternativos, economia de energia e proteção ambiental. (A China já se tornou o maior fabricante mundial de turbinas eólicas e painéis solares.) O plano quinquenal evoca memórias recorrentes da malsucedida centralização de planejamento da antiga União Soviética, mas os planos da China não têm nada em comum com essas fantasias. Em vez disso, são empreendimentos pragmáticos construídos com base em informações factuais, planejados e colocados em prática por especialistas altamente qualificados, que trabalham com rigorosas análises e metodologias — e que são responsabilizados pelo resultado de seu trabalho.

Como Kenneth G. Lieberthal, do Instituto Brookings, explica em seu livro de 2010, *Managing the China Challenge*, um sistema de nomeação de cima para baixo garante que cada líder político e partidário seja sensível aos objetivos e às preocupações dos líderes diretamente acima

BEM-VINDO AO MUNDO EM MUDANÇA

dele. Os líderes no nível inferior controlam as agências burocráticas em suas próprias jurisdições, tribunais e agências bancárias locais. Eles podem tomar decisões judiciais de interesse real para eles e determinar que agências bancárias locais fornecerão crédito para quais projetos. Eles podem promover o crescimento de empresas favorecidas em suas jurisdições locais por meio da concessão de licenças comerciais (e alteração delas) e da disponibilização de crédito a taxas abaixo do mercado.[7] Esse arranjo dá a um prefeito chinês poder considerável sobre as empresas multinacionais que competem com as empresas locais.

O controle local está intimamente ligado ao planejamento centralizado da China. Os funcionários do governo chinês mantêm ou não seus empregos com base no desempenho da sua contribuição para os objetivos dos líderes acima deles. Eles são avaliados por escrito todo ano, e eis o que é especialmente revelador: de acordo com Lieberthal, cerca de 60% das métricas que têm sido utilizadas para medir o desempenho refletem direta ou indiretamente o crescimento do PIB em relação ao ano anterior. O sistema não é perfeito, mas tem sido eficaz.

A linha que separa empresas e governo desaparece com as empresas estatais chinesas. Não sendo restringidas pela necessidade de gerar lucros, elas são o principal meio para o avanço do interesse nacional, por exemplo, adquirindo matérias-primas no exterior. As estatais chinesas gastaram mais de US$ 100 bilhões na compra de empresas de mineração e energia ao longo dos últimos cinco anos,[8] e mais de US$ 5 bilhões para comprar o cobre de lugares como Afeganistão e Zâmbia. Em 2011, um consórcio de cinco empresas estatais comprou uma participação de 15% no maior produtor mundial de nióbio, um metal raro usado para reforçar o aço em componentes de motores de jatos e materiais supercondutores. Em 2012, a China National Offshore Oil Corporation (CNOOC) fez uma oferta de US$ 15,1 bilhões para adquirir a Nexen, um dos maiores produtores de energia do Canadá, uma empresa com capacidade de ponta em extração de energia, incluindo a perfuração de xisto para obtenção de gás natural e em águas profundas no Golfo do México.

O QUE VOCÊ PRECISA SABER ANTES DE MAIS NADA

TEMOS UM VENCEDOR?

A versão chinesa do capitalismo de Estado é um novo modelo sustentável? Provavelmente, não.

O superávit comercial da China é enorme devido à arbitragem de mão de obra e ao baixo valor da moeda, sendo que nenhum dos dois é sustentável. Já os salários estão em ascensão nos centros industriais, e os países com mão de obra mais barata, como Vietnã e Bangladesh, estão captando negócios que anteriormente iriam para a China. Essa tendência continuará, inevitavelmente. Em alguns casos, a produção está voltando aos poucos para os países do Norte. A base da competição mudará cada vez mais para as alavancas tradicionais, como a vantagem tecnológica e a competência gerencial. Enquanto algumas empresas privadas chinesas — Haier e Huawei, por exemplo — têm conseguido força como participantes globais, as empresas estatais ainda precisam provar que têm uma vantagem sobre as empresas do Norte na tomada de decisão, execução, alocação de recursos e inovação.

O principal problema é a falha clássica de qualquer economia em que o governo define políticas de investimento: a política tende a não respeitar a implantação eficiente de capital. O despejo imerecido de dinheiro nas empresas é, geralmente, um desperdício (um erro que o Norte também comete quando o governo escolhe uma "indústria do futuro" para subsidiar). O sistema da China de alocação de capital para as empresas estatais tem produzido alguns vencedores, temos que admitir, mas também tem criado perdedores espetaculares. Por exemplo, como Bill Powell escreveu na revista *Fortune:* "A indústria chinesa de energia solar tornou-se nada menos que uma máquina de destruição de capital, com algumas de suas empresas mais importantes agora pedindo desesperadamente uma boia salva-vidas". O mesmo vale para a maioria das empresas de energia solar do Norte, colocadas contra a parede pela produção a baixo custo da China. Powell cita uma pesquisa realizada pela empresa de valores mobiliários Sanford Bernstein que sugere que "a energia solar está se tornando a indústria de memórias DRAM: um negócio que durante

BEM-VINDO AO MUNDO EM MUDANÇA

décadas foi uma guerra entre empresas chinesas com grande investimento de capital e baixo lucro, espremidas entre concorrentes japoneses e, mais tarde, empresas coreanas, lideradas pela Samsung — que acabou emergindo como o líder incontestável dessa indústria".[9]

Naturalmente, isso pode ser outro exemplo do choque entre um retorno relativamente rápido e as recompensas de longo prazo de capital lento. Por exemplo, o Japão juntou-se agora à Alemanha e rejeitou a energia nuclear, o que, inevitavelmente, aumentará a demanda por energia solar. Em um mercado de energia com tantas incertezas como esse, poderia ser uma boa aposta no final das contas. Mas *aposta* parece ser a palavra-chave.

As tensões internas da China — por exemplo, a crescente desigualdade de renda e as pressões por mais democracia — poderiam jogar areia nas complexas engrenagens e comprometer sua capacidade de executar o décimo segundo plano quinquenal. *China 2030*, um relatório do Banco Mundial elaborado em colaboração com o Ministério das Finanças da China e com o Centro de Pesquisa de Desenvolvimento do Conselho de Estado, emitido em junho de 2012, enfatizou que reformas estruturais para criar uma economia baseada no mercado são essenciais para o sucesso do país. Entre as reformas, estão o reequilíbrio do crescimento com base na ampliação do consumo interno e na diminuição da dependência de financiamentos e exportações, e — principalmente — redução da participação do estado na economia chinesa, com mais apoio à iniciativa privada. Mas até sua economia doméstica conseguir absorver a prodigiosa produção de suas fábricas, as políticas chinesas provavelmente não mudarão muito. Controlar a agitação social provavelmente exigirá expandir a democracia multipartidária, um processo delicado em um sistema que permite pouca participação política de seus cidadãos. O presidente Hu tem sido claro sobre a abertura do país à diversidade de opiniões, mas até agora as experiências tem ocorrido estritamente no nível local.

A maneira como os líderes da China lidam com essas questões pode alterar a velocidade e a direção da inclinação do Norte para o Sul.

Depois de três décadas de crescimento do PIB a uma média de 10% ao ano, espera-se que o ritmo de crescimento da China seja em média de 8% ou menos ao longo dos próximos anos.

Quanto ao suposto fracasso do livre mercado, os Estados Unidos têm um histórico de realizações de mais de dois séculos e têm sido um modelo para a maioria das economias bem-sucedidas do mundo. Eles operam de acordo com a premissa de que a liberdade de escolha e a garantia dos direitos da propriedade privada são o que permite aos indivíduos criar crescimento econômico, e aos líderes empresariais exercer a iniciativa e fazer suas empresas prosperarem por meio de inovação, ganhos de produtividade, muita atenção aos seus mercados e novos modelos de negócio. Novas iniciativas e tecnologias podem florescer por causa das instituições altamente sofisticadas que têm a experiência e a disposição para financiar projetos de risco — e retirar o financiamento daquelas empresas que não podem traçar seu próprio caminho.

Embora as tecnologias possam ser compradas ou copiadas, seus mananciais profundos e institucionalizados são difíceis, se não impossíveis, de duplicar. O Vale do Silício, por exemplo, é uma instituição em si, uma comunidade intelectual de insuperável talento e colaboração. Além disso, essas vantagens são apoiadas pelas instituições de ensino mais avançadas do mundo, uma força de trabalho relativamente móvel e uma mescla eficiente de pessoas de outras nações. Igualmente importante, as mesmas instituições que financiam projetos de risco são rápidas em *retirar* os fundos daqueles que não alcançam retornos adequados sobre o capital. As empresas apoiadas pelo governo, ao contrário, na maioria das vezes não são cobradas dessa maneira. Elas não têm o mesmo dever de desenvolver polos de inovação, produtividade e competitividade. E não são impelidas a desenvolver uma liderança competente.

Por fim, tenha em mente uma frase geralmente atribuída a Winston Churchill: "Atitude é uma pequena coisa que pode fazer uma grande diferença". Os norte-americanos sempre acreditaram que eles vivem em um lugar onde *ninguém* pode se tornar *alguém*.

BEM-VINDO AO MUNDO EM MUDANÇA

O desafio atual dos Estados Unidos é a falta de um plano coerente para resolver tanto o déficit comercial quanto o federal, e promover seu poder econômico por meio de investimentos de longo prazo em infraestrutura, educação e pesquisa básica. A divisão de poderes inerente ao sistema político norte-americano tornou a democracia viável a longo prazo. Mas amargas batalhas partidárias colocaram os Estados Unidos em grande desvantagem, em comparação com o foco e a eficácia do capitalismo direcionado da China. Assim que os EUA superarem seu impasse político e chegarem a um consenso sobre uma agenda econômica nacional, seus negócios serão mais bem apoiados, e os desequilíbrios comerciais vão melhorar. E, à medida que o país caminha em direção à independência energética, desenvolvendo gás de xisto e petróleo leve, ele não só colherá enormes receitas e criará um grande número de empregos, mas também ocupará uma posição global mais estratégica.

Inovação, melhoria da produtividade, criação de novos negócios e iniciativas individuais e estatais estão vivas e bem, assim como a condição *sine qua non* de uma sociedade democrática: a liderança vinda de baixo. Muitos Estados instigam suas economias com programas que estimulam investimentos estrangeiros diretos que, por sua vez, criam postos de trabalho. Os cidadãos desses países elegeram políticos que regulam as leis locais e as despesas do Estado a fim de criar um ambiente mais propício para a construção de um negócio e, assim, melhorar a situação do emprego, a base tributária e a crença no futuro. Será necessário apenas um pequeno núcleo de dirigentes, do executivo e do legislativo, para mudar a trajetória da política nacional. Um consenso eficiente nas áreas de impostos, inovação, infraestrutura, educação, imigração e regulamentação — como o atingido durante a crise financeira com a aprovação do programa de auxílio a empreendimentos problemáticos (Troubled Asset Relief Program, TARP) — cria a oportunidade de os EUA recuperarem o ritmo e sua liderança econômica e tecnológica.

O QUE VOCÊ PRECISA SABER ANTES DE MAIS NADA

Os negócios, obviamente, desempenham um papel importante, por si só e em conjunto com o governo e a academia. Conselhos úteis vêm do Projeto de Competitividade da Harvard Business School, que montou um plano de múltiplos pontos para que as empresas busquem, desde a dedicação contínua à produtividade, até o aperfeiçoamento das habilidades, o aprimoramento das indústrias de apoio e a contenção dos comportamentos egoístas que, juntos, prejudicam o desempenho econômico.[10]

O cabo de guerra continuará, especialmente em tempos de crescimento lento. Vantagens vêm e vão. Mas o mundo ainda está crescendo. Apesar de todos os problemas e da angústia que provoca às nações e às empresas do Norte, o sucesso da China também está criando grandes oportunidades e aproximando as outras economias do Sul umas das outras. Para você, como líder empresarial, o sucesso a longo prazo na ruptura do poder econômico significa ficar alerta para as táticas que os países usam para reforçar suas próprias economias, enquanto constroem uma empresa forte o suficiente para ganhar clientes agora e no futuro.

DIGITALIZAÇÃO: ELA REVOLUCIONARÁ SEU NEGÓCIO

As mudanças decorrentes da digitalização são tão contínuas e rápidas que tentar entender seu impacto global é como tentar medir os padrões climáticos debaixo de uma tempestade de granizo. Muitos detalhes são familiares: a tecnologia digital reduz os custos e encurta os ciclos, permitindo que as empresas atinjam grandes volumes e gerem dinheiro rapidamente, sem enormes investimentos; identifica segmentos de mercado e clientes individuais; revoluciona o marketing tradicional e os canais de distribuição, e muda radicalmente as relações entre empresas e consumidores. . . e a lista continua. Mas eis a visão geral: a digitalização está criando oportunidades em toda a

BEM-VINDO AO MUNDO EM MUDANÇA

parte, possibilitando novas formas de criação de valor e mudando a composição da economia global. Ela mudará cada vez mais as cadeias de valor, eliminando os elos intermediários e derrubando as antigas noções sobre as economias de escala.

Muitas suposições atuais já estão sendo contestadas. Tome, por exemplo, a comoditização, o medo que assombra quase todos os negócios. A tecnologia digital ampliou e acelerou a ameaça. Mas só agora está emergindo uma nova geração de tecnologias digitais que anunciam exatamente o oposto: a descomoditização das linhas de produtos. Máquinas computadorizadas versáteis e flexíveis podem produzir lotes cada vez menores de produtos — até lotes de um — a custos não muito maiores do que os de produção em larga escala. Por exemplo, usando a chamada impressão em 3D, ou tecnologia de fabricação "aditiva", as máquinas modelam o material com qualquer configuração informada pelo código do computador. Em vez de readaptar o equipamento para cada mudança, os fabricantes precisam apenas redefinir os códigos para produzir um item diferente. O impacto disso parece ser promissor. As empresas vão ser cada vez mais capazes de construir produtos onde estão os clientes, em vez de grandes fábricas a centenas ou milhares de quilômetros de distância. Conforme se desenvolve, essa tendência provavelmente vai agilizar o ciclo de inovação, redefinir a cadeia de suprimentos e a logística de distribuição, baixar os custos ainda mais e disponibilizar mais variedades de bens para mais pessoas. E isso pode corroer algumas das vantagens do Sul. Quase desnecessário dizer, isso forçará as empresas a repensarem as operações e o planejamento.

Outro grande resultado da digitalização é a capacidade de criar uma nova indústria global inteira a partir do zero, em apenas alguns anos. Empresas como Google, Vonage, Skype e Apple estão se movendo para o setor de telecomunicações e criando uma revolução em diferentes setores da economia. Essas empresas já começaram a capturar partes da crescente receita obtida pelas operadoras de telefonia com voz e dados, e há motivos para pensar que a parte delas vai crescer ainda mais. Além de ter o custo baixo como vantagem, elas não estão vinculadas

O QUE VOCÊ PRECISA SABER ANTES DE MAIS NADA

a uma mentalidade antiga — e ao contrário de seus concorrentes, não são regulamentadas.

O marketing baseado na internet ainda está reescrevendo as regras já estabelecidas de comércio. A Amazon, que pode ser considerada a empresa mais sofisticada da internet, não apenas tem uma sólida estrutura de custos e métodos de entrega, como também uma capacidade inigualável de compreender e orientar seus clientes com algoritmos que rastreiam seus hábitos de compra. Depois de sacudir o modelo comercial das livrarias físicas, ela está fazendo o mesmo nos produtos de consumo que vão desde roupas a aparelhos, desafiando varejistas como Best Buy e até o Walmart; de repente, o antigo dissidente do varejo se torna um jogador tradicional sob ataque.

Agora, adicione tecnologia móvel ao quadro geral. Os consumidores obtêm informações sobre onde comprar ao notar, por exemplo, andando pelas ruas do centro comercial, que há uma loja de sapatos a apenas um quarteirão de distância. Eles podem acessar uma variedade de opiniões, incluindo as de colegas consumidores, comparar preços e, depois, visitar uma loja on-line para comprar o que viram — mais barato e com entrega grátis. Essas conveniências criam oportunidades geradoras de receitas para alguns, destroem as mesmas oportunidades para outros e injetam grandes investimentos de capital nas cadeias de valor e suprimentos.

As redes sociais são outra mudança no jogo, embora ele ainda se baseie em grande dose de adivinhação. Sabemos que as redes sociais podem espalhar novas ideias e influenciar comportamentos em uma escala massiva, em instantes. Pode fazer tudo, desde a criação instantânea de novos mercados para produtos de consumo até derrubar governos (considere a Primavera Árabe). A decepcionante abertura de capital do Facebook, em 2012, deixou claro que ainda há muitas questões sobre o poder das redes sociais como instrumento de marketing. Mas seu potencial parece grande; as empresas estão apenas começando a explorar formas de usá-las para identificar e atender os desejos dos consumidores — e com aplicativos para celulares, em tempo real.

BEM-VINDO AO MUNDO EM MUDANÇA

A capacidade de compilar e manipular conjuntos de dados cada vez maiores — os chamados *big data* — promete remodelar drasticamente a atividade comercial. O McKinsey Global Institute chama de "a próxima fronteira para a inovação, concorrência e produtividade", acrescentando: "O uso de *big data* irá apoiar novas ondas de crescimento da produtividade e excedente econômico". Por exemplo, diz McKinsey: "Estimamos que um varejista utilizando plenamente *big data* tenha o potencial de aumentar sua margem operacional em mais de 60%".[11]

A explosão do *big data* deriva do crescente volume e detalhe de informações capturadas por meio de recursos multimídia, das mídias sociais, das próprias operações do negócio e da chamada Internet das Coisas — informação de sensores incorporados em objetos que variam de marca-passos e estradas a outdoors no Japão, que escaneiam os transeuntes para avaliar como eles se encaixam nos perfis de consumo e mudam instantaneamente as mensagens exibidas com base nessas avaliações. McKinsey observa que a capitalização dessa torrente de informações comandará a atenção não apenas dos gerenciadores de dados, mas também dos líderes em todos os níveis: "As organizações precisam colocar em prática não só o talento e a tecnologia certos, mas também workflows e incentivos para otimizar o uso do *big data*".[12]

Talvez a mudança mais drástica de todas seja o poder da tecnologia digital para criar mudanças estruturais na composição das economias nacionais. Por exemplo, as redes de telefonia celular estão pulando o processo demorado de estender o cabeamento de telefonia fixa para alcançar lugares distantes, como acontece na Índia e na África, ampliando o acesso a informações, à assistência médica, e aumentando o apetite das pessoas por uma vida melhor.

Mas essas mudanças também anunciam perdas de emprego em grande escala? Algumas indústrias digitais podem aumentar exponencialmente as receitas em um curto espaço de tempo, sem criar muitos empregos. Em seu livro *Race Against the Machine*, Erik Brynjolfsson e Andrew McAfee argumentam que "os computadores (hard-

O QUE VOCÊ PRECISA SABER ANTES DE MAIS NADA

ware, software e redes) vão ficar mais poderosos e capazes no futuro, e terão um impacto cada vez maior nos empregos, nas competências e na economia".[13] A preocupação decorre da crescente capacidade que computadores têm em substituir a entrada humana em domínios antes considerados além das capacidades das máquinas. Considere, por exemplo, o reconhecimento de padrões: basicamente, uma máquina com a capacidade humana de aprender em tempo real e adaptar-se às novas condições. O reconhecimento de padrões é a base dos algoritmos que a Amazon e uma série de empresas desconhecidas usam para ganhar espaço na vida dos consumidores, agregando informações obtidas a partir das atividades dos usuários na Web e transformando-as em abordagens de vendas precisamente orientadas. Vale notar que o Google — e não a Toyota ou a General Motors — modificou uma frota de carros para dirigir a milhares de quilômetros em vias públicas sem participação humana alguma. Outro novo poder do computador humanoide é a comunicação complexa — a capacidade de conversar com seres humanos, mesmo em situações complicadas, emocionais ou ambíguas. No início de 2012, o Citigroup anunciou que estava examinando usos para o Watson, da IBM, um supercomputador que chamou a atenção do público quando venceu dois dos melhores participantes do programa de perguntas e respostas da TV norte-americana, *Jeopardy!*. A IBM fez uma parceria com a seguradora de saúde WellPoint, a fim de colocar o Watson para trabalhar, ajudando médicos a diagnosticar opções de tratamento para problemas de saúde complexos. E o Citibank, com base na capacidade de Watson em analisar a linguagem humana e processar grandes quantidades de informação, cogitava empregá-lo no setor de atendimento ao cliente.

Desde os primeiros dias da revolução industrial, obviamente, os críticos da "automação" têm se preocupado constantemente com a perda de empregos. Talvez, desta vez, eles estejam certos. Mas, considere a descoberta de um recente estudo da Booz Allen chamado "Maximizando o impacto da digitalização". Entre outras coisas, os autores mediram esse impacto em 150 países e tiraram algumas conclusões surpreendentes. "Um aumento na digitalização de 10 pontos percentuais provocou um ganho de 0,50 a 0,62% na renda *per capita*", descobriram. "Quanto mais avançado o país, maior parece ser o impacto da digitalização, o que estabelece um ciclo de realimentação virtuoso; um país reforça e acelera seu próprio progresso à medida que investe na tecnologia." E as perdas de emprego? Na verdade, eles descobriram que a digitalização cria empregos: "Um aumento de 10% na digitalização reduz a taxa de desemprego de uma nação em 0,84%. De 2009 a 2010, a digitalização adicionou um número estimado de 19 milhões de empregos à economia global, acima dos 18 milhões de empregos adicionados de 2007 a 2008".[14]

A única certeza, hoje, é que a digitalização vai desempenhar um papel cada vez maior no desenvolvimento da atividade econômica. Os antigos itens da agenda associada à digitalização — qualidade dos produtos, produtividade dos processos e ajustes do portfólio para reduzir o capital — serão substituídos. Quase todas as empresas precisarão centralizar suas estratégias em inovação e nas implicações da digitalização, que vai mudar todos os ecossistemas e cadeias de suprimentos.

LIBERTANDO A INOVAÇÃO

Outra característica da nova economia mundial será a invenção de um modelo econômico e uma escala nunca vistos antes. As principais inovações na última metade do século 20 foram, em sua maioria, institucionalizadas: altamente concentradas em grandes empresas, como Intel, Motorola, Siemens, Bell Labs, e em universidades, como MIT, Stanford e Harvard, e criadas por um número relativamente pequeno de pessoas, a maioria delas, especialistas em alguma disciplina. Mais recentemente, os empresários americanos na área de tecnologia vêm mudando o mundo. Destacam-se, entre eles: Steve Jobs, Marc Andreessen (inventor do navegador Netscape e, agora, o investidor de capital de risco mais influente do Vale do Silício), Jeff Bezos (Amazon) e Mark Zuckerberg (Facebook).

Há uma nova população de inovadores. Multidões de pessoas, especialmente trabalhadores do conhecimento — embora alguns sequer tenham cursado ensino superior — estão inovando ao redor do mundo. A capacidade dessas pessoas de fazer isso individual e coletivamente deriva, em grande parte, da crescente abertura e democratização, em tempo real, do conhecimento e da disponibilidade de fundos de *startup* em um mundo digitalizado. A última ajuda vem da comunicação celular. Os dois bilhões e meio de usuários de telefones celulares do mundo — um número que cresce diariamente, junto com o número de smartphones — são capazes de compartilhar informações que antes não poderiam ser acessadas. Grande parte dessa inovação está no nível local para o mercado local; mas uma parte encontrará seu caminho, cruzando as fronteiras entre os países. As competições on-line e a cooperação ajudam os pequenos empresários a obter o dinheiro necessário para desenvolver suas ideias.

A nova população de inovadores também vai incluir muitos que trabalham em grandes corporações, de acordo com Scott D. Anthony, diretor-executivo da Innosight Asia-Pacific e autor de *O Livro de Ouro da Inovação*.[15] "Na revolução impulsionada por capitalistas de risco, décadas atrás, a escala permite que grandes empresas parem de criar obstáculos à inovação e a libertem", escreveu ele na *Harvard Business Review*.[16] Ao analisar a estratégia de uma empresa embrionária, ele afirma: "eles estão abraçando a inovação aberta e uma gestão menos hierárquica e estão integrando comportamentos empresariais a capacidade que já possuem. . . Ainda é cedo, mas fica claro que estamos entrando em uma nova era de inovação, na qual os indivíduos empreendedores, ou 'catalisadores', dentro de grandes empresas, estão usando os recursos, a escala e a crescente agilidade dessas empresas a fim de desenvolver soluções para os desafios mundiais de maneiras que poucas pessoas podem".

BEM-VINDO AO MUNDO EM MUDANÇA

BILHÕES DE NOVOS CONSUMIDORES

Como o deslocamento do poder econômico global expande as necessidades e as capacidades humanas em todo o mundo, as empresas que pesquisam oportunidades ilimitadas têm seus olhos particularmente voltados para o explosivo crescimento da classe média, com seus milhões de novos consumidores. Mas você precisa relativizar o modo como vê a classe média — na verdade, são segmentos diferentes, e eles mudam rapidamente. Você deve identificar esses segmentos e se preparar para mudanças mais frequentes de estratégia se espera ter sucesso nesse mercado diversificado e em constante evolução.

Mesmo a definição de "classe média" é uma tarefa complicada. Um respeitado conjunto de estimativas vem do Brookings Institution, em um relatório de 2011 produzido por Homi Kharas e Gertz Geoffrey.[17] Eles definem classe média global como domicílios com despesas diárias entre dez e cem dólares por pessoa. Mas o limite de dez dólares implica que alguns países não têm classes médias. Como o *Economic Times* da Índia observou: "Todos que gastam nesse nível estão entre os primeiros 5% aqui". Nancy Birdsall, economista que fundou o Centro para o Desenvolvimento Global, em Washington, D.C., sugere um limite inferior a quatro dólares para incluir o que ela chama de "classe catalisadora", de pessoas que não são pobres nem são classe média, com oportunidades implícitas para ascensão social.[18]

Usando o limite de 10 dólares e os dados disponíveis para 145 países que levam em conta 98% da população do mundo, Kharas e Gertz chegam a *uma* conclusão surpreendentemente otimista: "Nosso cenário mostra que ao longo dos próximos 20 anos, o mundo deixará de ser, em sua maioria, de pobres, para ser em grande parte de classe média. 2022 marcará o primeiro ano em que o mundo terá mais pessoas de classe média do que pobres. Em 2030, cinco bilhões de pessoas — quase dois terços da população global — poderão pertencer à classe média".

A distribuição dos gastos dessa classe média será significativamente diferente da de hoje. Os asiáticos gastarão mais. Os autores observam que "em 2015, pela primeira vez em 100 anos, o número de consumidores de classe média da Ásia será igual ao da Europa e da América do Norte. Em 2021, segundo as tendências atuais, podem ser dois bilhões os asiáticos em famílias de classe média. Só na China, possivelmente serão 670 milhões os consumidores de classe média, em comparação com apenas, talvez, 150 milhões de hoje".[19] Ainda assim, os números brutos por si só não pintam o quadro completo: a China tem mais pessoas que a Índia, mas a classe média indiana é mais jovem que a chinesa e será responsável por uma parcela consideravelmente maior do consumo mundial em 2048. Kharas e Gertz estimam que, em 2030, a Índia será responsável por cerca de 23% do consumo da classe média global, a China, 18%, os Estados Unidos, 7%, e Alemanha e França, 2% cada.

Empresas de bens de consumo do Norte, como Coca-Cola, Colgate e Unilever, sempre tiveram uma presença global, mas agora os consumidores em todos os continentes vão para varejistas como Walmart, Uniqlo e Gap. Os Audis são vendidos rapidamente na China e na Índia, e o KFC é o principal restaurante em lugares tão longínquos como China e Nigéria. Negócios locais no Sul, pequenos e grandes, também se beneficiaram. A empresa indiana de bens de consumo Marico tem expandido seu alcance em vários países da Ásia e do Oriente Médio, com um aumento de 44% no seu faturamento em cinco anos. À medida que essas empresas se expandem, também aumenta o número de pessoas em sua folha de pagamento, e a classe média cresce.

A grande demanda por recursos acelerou o progresso dos países que os possuem. Entre eles, estão os países cronicamente subdesenvolvidos da África. Em muitos casos, a entrada de dinheiro foi combinada com algum grau de reforma política para permitir o surgimento de uma classe média considerável pela primeira vez. Outro beneficiário é a Indonésia. O banco japonês Nomura estima a classe média da Indonésia — um grande exportador de petróleo e carvão — em cinquenta milhões, maior até que a da Índia.[20]

BEM-VINDO AO MUNDO EM MUDANÇA

A grande mudança demográfica é um argumento convincente para qualquer empresa que busque crescimento concentrar-se no Sul. Mas não pinte um hemisfério inteiro com o mesmo pincel. A Índia, por exemplo, não é uma economia, mas muitas, com os estados de Gujarat, Maharashtra, Karnataka bem mais avançados economicamente e propensos a crescer muito mais que Orissa ou Uttar Pradesh. Bharti Airtel definiu 38 mercados geográficos distintos na Índia e 106 mercados microgeográficos diferentes na África, chamados zonas. A China também tem grandes disparidades internas entre seus centros industriais relativamente prósperos e sua vasta zona rural.

Há dois aspectos importantes a serem observados sobre a classe média global.

Primeiro, ela será cada vez mais urbana. Em todo o Sul, como fizeram anteriormente no Norte, as pessoas vêm migrando para as cidades em grandes números, em geral, para escapar da pobreza desesperadora e de terras esgotadas da zona rural. Segundo a OMS, 53% da população mundial vive em cidades. Em 2050, esse número deve subir para 75%.

De Mumbai a Xangai e São Paulo, os moradores dessas cidades procuram empregos ligados à exportação para a Europa, o Japão e, especialmente, os Estados Unidos, e estão passando da mera satisfação de necessidades básicas para a compra de grande variedade de produtos e mercadorias de marca. As economias locais em expansão atraem mais pessoas para as cidades e ampliam a classe média. Aqueles que conseguem ter acesso à educação formal, passaram a assumir posições como engenheiros, programadores, analistas, profissionais de marketing e gestores de empresas nacionais e estrangeiras.

Os gastos dessas pessoas criam diversos novos negócios, muitos dos quais expandindo suas próprias oportunidades. E não é preciso um diploma para se tornar um empreendedor de sucesso. Uma matéria publicada no *The Wall Street Journal* vinda de Lima, Peru, conseguiu capturar essa cadeia de oportunidades:

O QUE VOCÊ PRECISA SABER ANTES DE MAIS NADA

Aquilino Flores era um garoto de 13 anos quando começou sua carreira vendendo camisetas nos bairros dessa capital. Hoje, sua empresa, Topitop, é a maior fabricante de roupas do Peru, com uma cadeia de lojas em todo o país.

Na última década, à medida que o Peru se transformava em uma das economias de mais rápido crescimento no mundo, os consumidores em ascensão começaram a consumir camisas polo e calças cargo da Topitop, feitas de tecidos de alta qualidade e comercializadas sob exóticas etiquetas.

Com lojas estrategicamente localizadas em bairros há tempos ignorados e em cidades provinciais, as vendas da Topitop aumentaram seis vezes desde 2001, ganhando o apelido de "a Zara andina".

Fazendo compras, recentemente, em uma loja Topitop de um shopping em Lima, David Cáceres, que dirige uma pequena empresa de conserto de carros, comprou um pulôver vistoso da coleção "New York" e uma camiseta estampada com uma estrela da linha "Hawk". "Ainda me sobrou dinheiro para ir ao cinema", diz ele.[21]

Em segundo lugar, a classe média será relativamente jovem. A idade média em alguns dos maiores países do Sul é consideravelmente mais jovem do que no Norte. Metade da população da Índia tem menos de 27 anos. A África subsaariana é ainda mais jovem. A população chinesa é relativamente madura, criando tensão entre sua necessidade de consumir e sua necessidade de economizar. Essas diferenças demográficas são combinadas com as culturais para criar muitos segmentos e subsegmentos de marketing, cuja composição pode mudar muito rapidamente. (Visite o site populationpyramids.net para ver as representações gráficas instantâneas dessas diferenças de idade.)

Note que o futuro desses jovens depende da continuidade do crescimento. Eles precisam de empregos e devem ser educados e treinados para isso. O PIB de um país tem de crescer rápido o suficiente para absorver os que chegam à idade de trabalhar, e o sistema de ensino tem de manter o ritmo. A elevada taxa de desemprego entre os jovens

BEM-VINDO AO MUNDO EM MUDANÇA

associadas ao intervalo no aumento da produção ou na descoberta de substitutos, contribuem para a falta de confiança no que costumavam ser fontes seguras. Governos que limitam as exportações para atender seus próprios planos econômicos agravam o problema, assim como os fornecedores cada vez maiores e poderosos, com maior controle sobre os preços. Os desequilíbrios resultantes têm o potencial de retardar a expansão econômica aparentemente irrefreável em alguns lugares e também de criar tensões entre parceiros comerciais. No mínimo, tais desequilíbrios sabotam os planos estratégicos, tanto a curto como a longo prazo. Aqui, novamente, os líderes empresariais devem aprimorar sua forma de pensar, principalmente ao analisar o envolvimento do governo ou o controle que perturba as forças naturais do mercado.

A China tem sido o maior desregulador como comprador e fornecedor de recursos. As necessidades não atendidas do país e um longo horizonte de planejamento garantem que seu apetite, embora um pouco refreado por uma recente desaceleração do crescimento econômico, vai continuar. Os chineses obtêm petróleo não apenas por meio da assinatura de contratos com fornecedores: eles compram a fonte. A China precisa de comida, por isso tenta assegurar terras agrícolas fora do país e fertilizantes para cultivá-las. O país envia exércitos de trabalhadores chineses para construir ferrovias e portos na África em troca de entregas futuras de produtos como cobalto. Seus bolsos profundos e o foco de longo prazo a tornam um Golias até mesmo contra as maiores corporações que disputam recursos independentemente.

Quando a China exerce seu poder como fornecedor, ela pode balançar setores industriais inteiros. Apesar de ser um membro da OMC, que proíbe explicitamente cotas de exportação, em 2010 a China aumentou as restrições sobre a exportação de metais de terras raras, na qual teve uma participação de 95% da oferta global, provocando uma corrida mundial das empresas não chinesas que dependem desses metais. Os esforços das empresas individuais para esticar os suprimentos e encontrar substitutos aliviaram, mas não eliminaram as preocupações sobre o controle da China. Em março de 2012, mesmo quando os preços dos me-

O QUE VOCÊ PRECISA SABER ANTES DE MAIS NADA

tais de terras raras caíram junto com o crescimento econômico mundial, Estados Unidos, Europa e Japão abriram um processo na OMC, alegando serem injustas as cotas e as tarifas. Até este momento, o processo está pendente. O que ninguém pode contestar é que uma única entidade — o governo chinês — detém as cartas. Mesmo quando as barreiras ao comércio diminuíram, e as empresas de mineração correram para iniciar a produção de depósitos conhecidos em outros países, os negócios tinham o potencial de fazer apenas o que já vinha sendo feito.

Cada vez mais, os grandes e poderosos fornecedores do setor privado exacerbam os problemas. Ao longo da década de 2000, as empresas de mineração Vale, Rio Tinto e BHP Billiton absorveram os concorrentes enquanto se esforçavam para expandir sua capacidade e escala. Com menos jogadores, veio mais poder de fixação de preços. Em 2008, com a demanda à frente da oferta, os gigantes da mineração de minério de ferro começaram a tornar os contratos de curto prazo trimestrais e, depois, mensais; a incerteza arruinava os planos dos compradores. Em março de 2010, os fabricantes de automóveis europeus sentiram o aperto quando os produtores de minério de ferro elevaram os preços em mais de 80%. Grupos da indústria procuraram ajuda na Comissão Europeia, em Bruxelas, alegando que os três maiores produtores (Vale, Rio Tinto e BHP Billiton representavam 70% do minério transportado) tinham "o poder de preço equivalente ao de um oligopólio".[24] A Associação dos Fabricantes de Automóveis da Europa (ACEA) afirmou: "Essa política de preços excessivos e imprevisíveis afetaria a competitividade da indústria europeia, incluindo a indústria automotiva".[25]

Para complicar ainda mais o cenário para as empresas fortemente dependentes de recursos voláteis, o aumento dos preços em tempos de escassez não afeta necessariamente toda a indústria; o campo de jogo inclina-se, dependendo das negociações e do poder relativo. Os esforços para garanti-los criam uma enorme transferência de riqueza para os países ricos em recursos e agilizam seu desenvolvimento econômico, o que, por sua vez, aumenta a demanda — as oscilações são amplas, com impactos de longo alcance em ambos os sentidos.

BEM-VINDO AO MUNDO EM MUDANÇA

de 400 mil graduados por ano. Destes, os 125 mil melhores serão contratados pelas cinco grandes empresas de TI do país — Infosys, Tata Consultancy Services, Wipro, Satyam e Cognizant — o que aumentou a aposta em termos de salários, programas de treinamento internos e benefícios, como praças de alimentação. Os participantes menores no setor de software recrutam outros cem mil. Isso deixa um grupo reduzido para a indústria e todos os outros setores da economia. Como acontece com qualquer fator crítico, a falta de talento gera aumentos salariais — para engenheiros de software indianos — entre 10 e 15% ao ano para os profissionais experientes e especializados. E a busca por talentos cruza indústrias e fronteiras geográficas. Empresas de mineração da África do Sul, Indonésia, Austrália e do Brasil estão atraindo engenheiros indianos, oferecendo-lhes três vezes mais do que as empresas indianas podem pagar.[30] As empresas melhoram sua escolha de candidatos construindo uma reputação de ótimas condições de trabalho e rápidos planos de carreira, mas o desafio continua.

A escassez de água está ficando grave na Ásia, no Oriente Médio e Norte da África. As pessoas com mais dinheiro comem melhor; alimentos ricos em proteínas, como frango e carne, exigem muito mais água na produção do que a mesma quantidade de grãos. Por exemplo, os abastecimentos de água da China são cada vez mais limitados pela exploração excessiva e pela poluição. Além disso, a água do derretimento das geleiras do Himalaia corre por China, Nepal, Bangladesh e Índia, pelos rios Brahmaputra e Ganges. Cerca de dois terços da aguá são utilizados para a agricultura no norte da Índia, que alimenta grande parte do resto do país. Contudo, a China vem construindo barragens rio acima, o que pode reduzir consideravelmente esse fluxo. A China é o maior parceiro comercial da Índia, que tem um déficit comercial com a China de US$ 40 bilhões, sem perspectiva de reversão em um futuro próximo. Não requer muita imaginação considerar como o poder econômico da China pode entrar nas negociações sobre a água, prejudicando indivíduos, empresas e a Índia como um todo. Será que os países menores afetados de maneira semelhante, como Vietnã e Camboja,

O QUE VOCÊ PRECISA SABER ANTES DE MAIS NADA

além de outros membros da Associação de Nações do Sudeste Asiático, se uniriam para ganhar influência? Essas possibilidades deverão estar em sua mente quando você analisar o ambiente externo.

CLASSIFICANDO OS DESAFIOS EXISTENTES

Estabeleci os principais definidores da inclinação do Norte para o Sul: o sistema financeiro global, as novas variedades de capitalismo, a demografia e a digitalização. Mas como essas tendências se combinam? O que elas têm em comum e em que momento podem seguir em direções opostas? O que pode mudar qualquer uma delas e como isso pode afetar as outras? Você chegará a suas próprias conclusões fazendo perguntas e respondendo-as.

Comece se perguntando quais são as tendências irrefreáveis. Estas são as principais e que parecem improváveis de mudar:

- marcha em direção à paridade econômica das nações e ascensão da classe média;
- intensificação da disputa entre os países por empregos e recursos;
- desequilíbrios persistentes no comércio e discrepâncias nas taxas de crescimento nacional;
- escassez de talentos e habilidades de liderança em países de alto crescimento;
- interconexão contínua e desequilíbrio no sistema financeiro global.

Não considere essa lista definitiva. Algumas tendências podem ser mais ou menos importantes no seu caso específico — e você também pode pensar em outras. Escolha sua própria, e estimule os cérebros de sua empresa a testá-las. Uma maneira de fazer isso é agendar uma reunião fora da empresa com sua equipe principal, fazer o grupo debater o que estamos observando no mundo e repetir o exercício a cada trimestre. (Qualquer líder de negócios pode fazer isso, você não precisa ser um CEO.) Este é o momento para reunir os fatos e exercitar a imaginação. Quando o fizer, considere um período de 10 ou 20 anos, além dos

BEM-VINDO AO MUNDO EM MUDANÇA

tóxica de dinheiro fácil, padrões de empréstimos negligentes, incentivos para que os analistas de crédito negociassem irrestritamente hipotecas para compradores que não podiam arcar com elas, e o empacotamento dos empréstimos questionáveis resultantes em títulos classificados como triplo A estavam lá para todos verem. Qualquer pessoa que examinasse essa combinação com o devido discernimento e consideração poderia facilmente prever o desastre que se antecipava. Ainda assim, a maioria das comunidades empresariais e financeiras não conseguiu vê-lo chegando. Os poucos que conseguiram levantar a cabeça acima da crença geral no crescimento sem fim saíram da crise financeira ilesos ou consideravelmente mais ricos.

Quais podem ser os sinais de uma tendência que afeta seu negócio? Onde estão as suposições erradas? Qual será o ponto de ruptura? Por exemplo, o desequilíbrio atual entre países credores e devedores — sendo China e Estados Unidos o maior exemplo — é uma fonte potencial de problemas semelhantes? O investimento institucional estrangeiro normalmente está à frente do jogo, portanto, uma concentração em seu fluxo pode ser um sinal de problemas no caminho. A aceleração também pode ser um sinal de aviso, por exemplo, quando o preço de algo começa a aumentar em ritmo mais rápido.

Há também algumas perguntas sobre tendências que afetam quase todos os negócios globais: Se o crescimento continuar em um ritmo rápido na África, Ásia e América Latina, a demanda por capital irá superar a disponibilidade? Os fundos soberanos poderiam ser mais nacionalistas, permitindo apenas o investimento interno, dando a esses países uma vantagem? Esta última é uma pergunta que o McKinsey Global Institute levantou em seu relatório "Adeus ao capital barato?".[31]

Argumenta-se, muitas vezes, que a inflação é inevitável quando os países facilitam seu fornecimento de dinheiro para impulsionar o crescimento. Como isso afeta os custos dos empréstimos, e o que isso significa para determinar quanto você deve tomar emprestado e em que termos deve pagar? Muitas empresas indianas e brasileiras fizeram empréstimos em dólares nos últimos anos, contando com a valorização constante de suas moedas nacionais. Quando a rúpia desvalorizou, e o real brasileiro caiu inesperadamente, muitas empresas ficaram em apuros. Tais erros financeiros podem atrasar ações competitivas, deixando passar boas oportunidades.

O que vários países poderão fazer se os desequilíbrios comerciais continuarem? Os menores, como Vietnã e Tailândia, poderiam formar uma coalizão para combater o poder assimétrico da China? O nacionalismo vai aumentar ou diminuir? As guerras cambiais vão diminuir ou se intensificar? O comportamento empresarial vai prevalecer sobre as agendas políticas, mesmo na China? A China tem permitido que empresas norte-americanas comprem centenas de pequenas empresas chinesas ao longo dos anos. Então, em 2011, o governo deu permissão à Caterpillar para adquirir um dos principais fabricantes de equipamentos de mineração. É um sinal de mudança?

A maioria dos líderes tende a ser absorvida na volatilidade das tendências, com obsessão por seus efeitos imediatos nos negócios. O que torna um líder excepcional é a capacidade mental e psicológica de cortar caminho e manter o foco no quadro geral.

Nem tudo terá uma conclusão perfeita, mas pensando nas tendências externas e em suas implicações, você vai saber o que não sabe e, portanto, o que monitorar. Isso, por sua vez, aumenta sua confiança e determinação. Com o tempo, você constrói sua capacidade mental e aumenta as chances de ver o que os outros não veem. Mas você não pode esperar que todas as peças simplesmente se encaixem. Embora você precise ver o quadro geral, você não quer perder a estreita janela de tempo na qual é possível demarcar as posições estratégicas e os recursos críticos no longo prazo. Mesmo em face do conhecimento incompleto, você tem de agir.

Você pode começar preenchendo as lacunas agora que você passa para o próximo capítulo. Vou levá-lo para dentro de alguns concorrentes fortes do Sul, os desbravadores que estão se posicionando para se tornar líderes globais em seus setores. Você vai ver, em primeira mão, as melhores práticas e as ferramentas de gestão dessas empresas — sem mencionar a psicologia de liderança que as impulsiona.

BEM-VINDO AO MUNDO EM MUDANÇA

Uma decisão da SEC (Securities and Exchange Commission, comissão de valores mobiliários norte-americana) foi fundamental, pois permitiu que grandes empresas de Wall Street, como Goldman Sachs, Morgan Stanley, Lehman Brothers, Bear Stearns e Merrill Lynch, excedessem o antigo limite da proporção capital/dívida líquida de 12:1. A decisão permitiu que eles elevassem essa proporção para até 40:1, arrecadando estupendas quantidades de capital de alto risco alavancadas em fundos de curto prazo de bancos e fundos do mercado de capitais. (Não por acaso, três desses cinco agentes financeiros faliram.) Eles investiram muito em obrigação de dívida colateralizada (collateralized debt obligations, CDOs) compostas por hipotecas podres. O risco terminou longe de seus criadores, nas mãos dos clientes, em sua maioria desinformados e procurando lucro fácil. A remuneração dos executivos ligados aos preços das ações dessas empresas inspirou os agentes financeiros a empurrar ainda mais empréstimos aos proprietários de imóveis, muitas vezes com práticas questionáveis, e para pessoas que não podiam pagar as hipotecas.

ELES CHAMAM ISSO DE TÍTULOS?

Entre outras coisas, a desregulamentação permitiu a criação de instrumentos de dívida exóticos, principalmente derivativos de crédito (credit default swaps, CDSs) e obrigação de dívida colateralizada (collateralized debt obligations, CDOs), que desempenhariam um papel importante na derrocada. CDOs eram títulos de alta complexidade — tão complexos que mesmo aqueles que os criaram e venderam muitas vezes não os entendiam —, por meio dos quais os agentes financeiros faziam empréstimos não contabilizados e vendiam-nos em pacotes para os investidores. Os derivativos de crédito (credit default swaps) eram uma forma de seguro destinada a proteger compradores institucionais contra inadimplência.

Os CDOs tinham base em modelos matemáticos proprietários para a negociação de títulos, projetados por um pequeno grupo de doutores cujas especialidades são Matemática e Física. O conteúdo dessas caixas-pretas era um

O QUE VOCÊ PRECISA SABER ANTES DE MAIS NADA

mistério para as outras pessoas, incluindo líderes experientes e a diretoria de quase todas as empresas envolvidas. Até 2008, qualquer pessoa que se importava em saber o que estava acontecendo, tinha de confiar principalmente nos supervisores vários níveis abaixo do CEO, que controlavam os especialistas e os negociantes de títulos.

Entre os ingênuos estavam a S&P, a Moody's e a Fitch, as principais agências de avaliação. Eles continuaram a classificar muitos títulos potencialmente tóxicos como AAA. Na época, apenas 12 empresas em todo o mundo tinham essa classificação superior — mesmo assim, 64.000 pacotes de securitização a receberam.

Não é de admirar que Warren Buffett tenha chamado esses instrumentos de "armas financeiras de destruição em massa". O colapso do sistema era apenas uma questão de tempo. Surpreendentemente, a decisão de permitir maior alavancagem foi feita quando a SEC ficou sob a presidência de Bill Donaldson, um dos fundadores da Donaldson, Lufkin & Jenrette (DLJ), cuja competência e experiência deveriam ter dado a ele base para a compreensão das implicações de tal movimento. Mas quando uma instituição financeira está vulnerável, e a confiança nela cai, a alavancagem funciona com mais rapidez e eficiência no sentido inverso. A reação em cadeia pode rapidamente quebrar — como de fato quebrou — o sistema inteiro.

AS ALAVANCAS RELAXAM

Foi o que aconteceu quando o Lehman Brothers faliu. O Lehman tinha enormes investimentos fortemente alavancados em títulos hipotecários de alto risco (os subprimes), e os investidores começaram — finalmente — a perceber como estavam inseguros. Ao longo de 2008, as ações do Lehman começaram a cair em um ritmo acelerado, e a empresa estava sangrando dinheiro. O banco começou a procurar freneticamente um comprador, mas não conseguiu chegar a um acordo, e o Tesouro dos EUA recusou-se a socorrê-lo.

Quando o Lehman pediu concordata em 15 de setembro, o já abatido Dow Jones caiu cerca de 500 pontos, a maior queda em um único dia desde os aten-

CAPÍTULO TRÊS

A NOVA FORÇA DO SUL

As vastas possibilidades criadas pelo deslocamento do poder econômico podem parecer difíceis de imaginar para os líderes que fizeram suas carreiras no Norte. Seus correspondentes do Sul não têm reservas. Oportunidades únicas subitamente estão em seus próprios quintais, acendendo a paixão e alimentando o crescimento muito rápido dos impérios empresariais que vão lançar sombras sobre o Norte por décadas. Pense nos Estados Unidos do século XIX: o crescimento exuberante dessa jovem nação industrial, com suas oportunidades ilimitadas, produziu titãs tão emblemáticos como Cornelius Vanderbilt, J. P. Morgan, Andrew Carnegie e John D. Rockefeller. Suas imponentes empresas dominaram o cenário econômico mundial por décadas. Hoje, a paisagem que nos acena está no Sul, e os construtores de impérios nasceram e cresceram em países como Índia, China, Brasil, África do Sul e Malásia. Eles são especialmente bem equipados para aproveitar as grandes oportunidades, não apenas por causa do local onde vivem, mas também por quem eles são — uma potente mistura de ambição, tenacidade e tino comercial, muitas vezes moldada pelas condições de privações e escassez.

BEM-VINDO AO MUNDO EM MUDANÇA

tinha feito por causa de restrições financeiras. Sob sua direção, a JLR produziu, entre outros projetos, o novo Range Rover Evoque (projetado pela Ford), que foi chamado de SUV do ano pela *Motor Trend*, em 2012. E, na primavera do mesmo ano, a JLR estava no caminho certo para bater o recorde de lucros brutos, buscando espaço para expandir a produção no Reino Unido. Sua incrível tecnologia e know-how em engenharia e design colocou a Tata Motors em uma trajetória totalmente nova no mundo.

Muitos líderes do Sul também se destacam na administração do desempenho da empresa. Uma vida de escassez e margens apertadas ensinou-lhes disciplina. Eles podem analisar os números para detectar e diagnosticar as causas do desempenho e associar esses resultados ao trabalho dos funcionários. O fator causal pode ser um indivíduo ou a indecisão de um grupo — por exemplo, na tomada de decisões conjuntas. Pode ser uma pessoa que saiu e não foi substituída. Eles não ficam satisfeitos até saber o que realmente define os números. Financiar o crescimento também não é um problema para eles. Investidores do Sul migram para empresas que estão determinadas a vencer em mercados de alto crescimento e a ter um histórico de desempenho. Esses líderes também estão acostumados aos caprichos do governo e dos órgãos reguladores e às inadequações de recursos básicos, como energia elétrica.

É contra tais empresas que as corporações do Norte agora competem, não só pelos mercados, mas também pelo capital e pelo talento. Líderes do Norte que ignoram esses jogadores do Sul podem subitamente descobrir que eles estão muito atrás em muitos mercados que, antes, eram insignificantes, mas que agora causam comoção. Este capítulo fornece exemplos de empresas do Sul que estão no caminho para estar entre as primeiras do mundo e, em alguns casos, são capazes de engolir as empresas com grandes fatias de mercado e marcas conhecidas. A intenção é convencê-lo de que essa competição é real, implacável e baseada na excelência de estratégia, liderança e desempenho, e não em uma vantagem fugaz em custo ou moeda. Isso é o que você precisa saber sobre seus novos concorrentes.

A NOVA FORÇA DO SUL

ELES SÃO ESPECIALISTAS EM APRENDER NOVOS NEGÓCIOS: GRUPO GMR

O grupo indiano GMR é um excelente exemplo do que chamo empresários de grande escala (EGEs). Hoje, o Sul — particularmente Índia, Indonésia, Malásia e Cingapura —está produzindo-os às dúzias. Esses aspirantes a construtores de impérios fazem grandes apostas estratégicas e rapidamente constroem negócios muito grandes com base na oportunidade que veem, e não na principal competência que possuem. Eles escolhem os mercados de rápido crescimento nos quais querem estar e constroem as capacidades necessárias para ter sucesso neles, mesmo que estejam começando sem experiência alguma.

Eles conseguem dinheiro e obtém margens baixas por períodos prolongados, com o objetivo de criar escala, cobertura e força da marca. Embora essas margens baixas apresentem o risco de crises de liquidez, eles podem construir valor econômico de longo prazo e sustentar golpes de curto prazo, contanto que tenham melhores estruturas de custos que seus concorrentes e continuem a desenvolver o interesse do consumidor. Você vai competir com esses operadores experientes, não só por mercado, mas também por talento: esses novos empresários estão procurando talentos em qualquer lugar em que possam encontrá-los, além disso, são empregadores atraentes para os bons executivos cujas carreiras vêm avançando mais lentamente nas empresas do Norte com baixo crescimento.

Esses líderes têm não só otimismo, tenacidade e motivação que os empresários solitários possuem, mas também um excelente tino comercial: eles querem saber exatamente quanto dinheiro será ganho e em quais condições, o que lhes permite atrair financiamentos. Eles sabem como escolher as pessoas com ótimas habilidades operacionais que podem construir rapidamente equipes para executar as especificidades da estratégia. Eles se sentem confortáveis trabalhando com margens estreitas de lucro e são pacientes: constroem para o longo prazo. Tudo isso é amparado pela autoconfiança conquistada por meio do sucesso anterior

BEM-VINDO AO MUNDO EM MUDANÇA

e não há departamento de pesquisa de mercado para se aprofundar mais. Portanto, há muita aprendizagem à medida que se avança, com o sucesso dependendo crucialmente de intuição, julgamento, capacidade de identificar um pequeno número de variáveis-chave e capacidades de construção de relacionamento com diversos governos, reguladores e potenciais parceiros.

A primeira oportunidade de Rao ao se aventurar na infraestrutura ocorreu em 1995, quando o governo indiano abriu-se ao setor privado, fazendo uma licitação para construir uma usina de geração de energia no estado de Tamil Nadu. A GMR nunca tinha construído uma usina de energia, mas estava disposta a levar o projeto adiante. Ele apresentou uma proposta e ganhou. Em seguida, procurou especialistas para realizá-la. Rao foi até K. V. V. Rao, um ex-colega da Universidade Andhra. Ele era detalhista e tinha grande conhecimento técnico. Mas será que ele poderia supervisionar a concepção e a construção de uma usina de energia — algo que nunca tinha feito? Confiando em sua própria capacidade de escolher a pessoa certa, G. M. Rao apostou — corretamente — que seu colega de faculdade venceria o desafio.

As usinas de energia, como todos os projetos de infraestrutura, representam um importante comprometimento de recursos, geralmente, por cinco anos e, em alguns casos, ainda mais, desde o planejamento até a operação. Empreiteiros e subempreiteiros se envolvem em quase todas as etapas, assim como os diversos governos, especialmente quando a usina entra em operação. Nesse momento, a GMR começaria a vender seu produto para a companhia energética estatal, que a comprava e distribuía, e para o município que controlava as tarifas. A GMR passou por tudo isso, contratando algumas pessoas do setor público para garantir que o projeto atendesse aos requisitos do governo. Essa experiência encorajou a GMR a construir mais duas usinas de energia em estados vizinhos nos anos seguintes, com igual sucesso.

Quando surgiram oportunidades na construção de rodovias, a GMR novamente entrou na concorrência, apesar de nunca ter construído uma estrada. O governo estava buscando licitantes, não só para fazer a pavimentação, mas também para operá-la e mantê-la. A GMR fez uma parceria com uma construtora de estradas da Malásia para o primeiro projeto e com outra construtora experiente para o segundo. Como ocorreu na construção das usinas de energia, a GMR aprendeu o negócio com rapidez e sucesso. No seu terceiro projeto de construção de estradas, a empresa cuidou de tudo sozinha.

O apetite da GMR cresceu em sintonia com seu sucesso na infraestrutura. Dadas as grandes oportunidades não apenas na Índia, mas em todo o mundo, foram criadas diretrizes mais eficientes para escolher em quais áreas investir. "Ao entrar especificamente no negócio de aeroportos, não tínhamos nenhum conhecimento nesse setor", diz Kiran Kumar Grandhi, filho de G. M. Rao. "Mas tínhamos um conjunto de dados que nos deixou confortáveis. Um estudo nos mostrou o valor de mercado das principais companhias aéreas e aeroportos. Nove das dez empresas com maior valor de mercado estavam nos aeroportos. Apenas uma era uma companhia aérea. A partir dessas informações, descobrimos que as oportunidades eram grandes. Foi o suficiente para nos convencer a ser realmente agressivos no negócio de aeroportos, mesmo não tendo experiência alguma nessa área."[1] Tendo compreendido o tamanho da oportunidade de longo prazo, Rao e Grandhi começaram a fazer isso acontecer.

Quando a construção do novo Aeroporto Internacional de Greenfield, em Hyderabad, estava entrando em licitação, a GMR viu sua chance. Como não poderia mesmo atender os critérios de qualificação para a licitação, ele se voltou para a Malaysia Airports Holdings Berhad, uma empresa de capital aberto que operava e mantinha 39 aeroportos na Malásia, que cedeu sua experiência em troca de um pagamento. O governo indiano queria um envolvimento mais firme de um jogador experiente, de modo que Rao levou um tempo para convencer os malasianos a firmar um compromisso financeiro. Não foi um caso de conexão instantânea. Os malasianos tinham uma visão turva da intenção da Índia de se modernizar e não estavam certos de que queriam se envolver. Rao, por fim, aumentou a confiança deles na GMR e eles

BEM-VINDO AO MUNDO EM MUDANÇA

Grandhi. "Sempre que ele conhece uma nova pessoa, ele passa metade do tempo aprendendo sobre ela. Durante toda a minha infância, eu o observei interagindo com as pessoas dessa forma. Ele estava constantemente reunindo informações de um funcionário iniciante, um diretor sênior ou um líder do governo." O próprio Grandhi entrevista os executivos seniores que se juntam à empresa para saber como suas ex-empresas administravam o negócio.

A GMR, agora, leva sua experiência para os aeroportos fora da Índia. Ele ganhou a licitação para desenvolver um aeroporto internacional em Istambul, na Turquia, por exemplo, e completou um projeto de expansão do Aeroporto Internacional Ibrahim Nasir, das ilhas Maldivas, quatro meses antes do previsto. (No final de 2012, um novo regime político cancelou o contrato da GMR para também administrá-lo.)

Fazer algo não experimentado continua a ser uma paixão de toda a empresa, e a GMR está em alerta para conseguir mais oportunidades de larga escala em áreas sobre as quais pode não saber nada a respeito. A empresa ainda dá margem para a intuição quando se trata de identificar oportunidades. Grandhi explica: "Quando você viaja muito e conhece pessoas diferentes no governo e na indústria, você entende quais são as lacunas. Assim que interage no nível básico, você pode dizer se a oportunidade é boa e, então, pode examinar mais detalhadamente. Hoje, temos uma enorme migração da zona rural para a urbana, e as cidades estão ficando congestionadas, portanto, estamos explorando oportunidades na infraestrutura urbana".

ELES PODEM COMPRAR SEU CAMINHO PARA AS GRANDES LIGAS: A HINDALCO INDUSTRIES

Pode ser que as empresas do Norte fiquem sob pressão para se desfazer das divisões que não estão fazendo sua parte. O negócio pode ser mal administrado ou os acionistas podem estar pressionando para obter ganhos de curto prazo, em detrimento de investimentos que poderiam desenvolver o negócio a longo prazo. Essas são oportunidades perfeitas para os líderes globalmente ambiciosos as adquirirem, integrá-las rapidamente, tomar ações corretivas e usá-las para promover a meta de ser o número um ou dois do mundo. Os líderes podem usá-las como plataformas não só para obter uma posição de destaque no Norte, mas também para criar mercados em outros países do Sul e impedir que um concorrente do Norte invada seus territórios. Eles não sobrecarregam a aquisição com toneladas de supervisores enviados de seu país de origem. Em vez disso, escalam um seleto grupo de pessoas de alto nível, que são cuidadosamente escolhidas por sua capacidade de resolver problemas operacionais.

Um caso desses é a Hindalco, uma empresa de alumínio que faz parte de um dos maiores conglomerados da Índia, o Aditya Birla Group. A partir de sua base na Índia, a Hindalco passou a dominar a indústria de alumínio, graças à hábil gestão da Novelis, uma divisão da empresa canadense Alcan, quatro vezes maior que a Hindalco quando foi adquirida em 2007. (convém mencionar que sou membro da diretoria da Hindalco.)

Quando Kumar Mangalam Birla assumiu o Aditya Birla Group, em 1995, a empresa era uma das maiores da Índia, com US$ 2 bilhões em receitas. Mas nenhum de seus negócios era globalmente dominante e isso parecia uma oportunidade para o bisneto do fundador. Educado na Índia e na London Business School, ele foi subitamente alçado a um alto cargo na Birla com apenas 28 anos, após a morte prematura de seu pai. Muitos observadores duvidaram que ele pudesse conduzir com êxito o grupo, com seu mix diversificado de negócios, que vão desde alumínio e cimento até fertilizantes, tecidos e vestuário. No final das contas, ele se saiu esplendidamente.

A empresa tem suas raízes no comércio de algodão no século 19 e, desde então, foi administrada por sucessivas gerações de membros da família, que acrescentaram, entre outros negócios, a Grasim (uma empresa de fibras, cimento e produtos químicos) e a Hindalco. Aditya Birla Vikram, o pai de Kumar, entrou no negócio no final da década de 1960, um jovem formado em engenharia pelo MIT e a iniciativa de um empreendedor que

BEM-VINDO AO MUNDO EM MUDANÇA

ia além do negócio de família que tinha herdado. Enquanto administrava com sucesso o negócio familiar, ele iniciou empresas a partir do zero e adquiriu outras, incluindo a Indo-Thai Synthetics, que foi o primeiro empreendimento internacional de Birla. E vieram outros: uma empresa de óleos comestíveis na Malásia e uma empresa produtora de negro-de-fumo na Tailândia (o negro-de-fumo, ou fuligem, é usado em produtos como pneus, tintas e plásticos).

Seguindo a tradição da família, Kumar Mangalam Birla continuou a se expandir em novos negócios, entre eles o varejo, seguro de vida, celulares e gestão de ativos. Mas o principal desafio que ele enfrentou no início de sua gestão foi descobrir quais empresas aumentar e como financiar esse crescimento. A resposta estava na eficiência operacional, um portfólio reorientado de negócios que permitiu à empresa gerar muito dinheiro, e um plano para usar esse dinheiro na expansão agressiva do negócio básico de commodities, principalmente de alumínio, cobre, cimento e fertilizantes. A visão de Kumar da paisagem global o convenceu de que a demanda mundial cresceria, e os preços continuariam a subir. Sabendo que a escala é um enorme fator determinante de competitividade nesses mercados, ele partiu para alcançá-la rapidamente, investindo US$ 4 bilhões em quatro anos, com um foco no alumínio.

Embora a Hindalco fosse a principal empresa de alumínio na Índia, ela não era grande o suficiente para competir com os gigantes mundiais, como a Alcoa e a Alcan. Kumar encorajou Debu Bhattacharya, diretor-geral encarregado da Hindalco em 2003, a criar um projeto que representaria um passo gigantesco. Bhattacharya elaborou um plano para investir mais a curto prazo do que o grupo tinha investido nas últimas duas décadas para construir novas fábricas e adquirir outras empresas.

A Hindalco era principalmente uma empresa upstream — no alto da cadeia produtiva —, minerando bauxita e a transformando em alumínio. O CEO da Hindalco, Bhattacharya, tinha como objetivo torná-la uma empresa globalmente integrada e competitiva, como a Alcoa e a Alcan, o que significava que também participaria das atividades de

A NOVA FORÇA DO SUL

downstream — no final da cadeia produtiva —, de laminação de alumínio, transformando-o em produtos comercializáveis como latas de Coca-Cola e para-choques de automóveis. Isso equilibraria a ciclicidade e a rentabilidade do mundo upstream com o downstream, em que ganhar dinheiro era muito diferente: as atividades upstream são mais voláteis, porém, mais rentáveis; as atividades downstream são menos rentáveis, porém menos voláteis. Os mundos upstream e downstream também exigiram capacidades diferentes. O sucesso na mineração e na produção dependia fortemente da produção de baixo custo e em grande escala. O sucesso nos produtos de alumínio, porém, exigia inovação tecnológica e laços estreitos com os clientes.

Enquanto a Hindalco estava fazendo sua avaliação do mercado global de alumínio, do outro lado do mundo um problema estava se formando para a empresa canadense Alcan. Em 2004, ela estava em negociações para comprar uma empresa francesa, mas teve de ceder parte de seu negócio para atender às exigências dos órgãos reguladores canadenses. A Alcan arriscou seu negócio de alumínio, avaliado em US$ 7,8 bilhões, e cerca de US$ 2,4 bilhões em dívidas com um novo empreendimento chamado Novelis, que em 2005 se separou para se tornar uma empresa independente. Apesar dos resultados financeiros instáveis, a Novelis manteve sua posição como o maior fabricante mundial de produtos de alumínio laminado.

A Novelis tinha capacidade tecnológica e relacionamentos com clientes que faltavam na Hindalco. Além disso, era quatro vezes maior que a Hindalco. Foi preciso visão e iniciativa — para não mencionar ousadia — para buscar o maior objetivo na história do Grupo AV Birla e a segunda maior aquisição transnacional de todos os tempos de uma empresa indiana. A promessa era de que a Hindalco possuiria instantaneamente a escala e a capacidade para catapultar sua posição no jogo mundial de alumínio. O risco era de que a aquisição poderia ser financeiramente destruidora.

Em 2006, a empresa iniciou as negociações com a Novelis, o que colocou a empresa canadense em destaque no cenário internacional. Quan-

BEM-VINDO AO MUNDO EM MUDANÇA

do outros concorrentes mostraram interesse, o preço subiu, e a Hindalco recuou. Enquanto isso, a Novelis começou a engasgar, e os outros pretendentes desapareceram. A Hindalco voltou com uma oferta de US$ 6 bilhões — US$ 3,5 bilhões em dinheiro e US$ 2,5 bilhões sob a forma de dívida assumida —, e o acordo foi concluído em 2007. O movimento ousado, não apenas por causa do tamanho relativo da Hindalco, levantou mais do que algumas sobrancelhas. Alguns críticos consideraram que o preço era muito alto, especialmente considerando o baixo poder de precificação da Novelis. Ela ficou amarrada em contratos que mantinham os preços estáveis, enquanto os custos da matéria-prima iam subindo rapidamente. Outros críticos sugeriram que as estimativas de crescimento de demanda da Hindalco eram muito animadoras. Mas o jovem Kumar Birla não se intimidou. Como um empreendedor em grande escala, ele estava focado no longo prazo, quando os contratos dos clientes venceriam, e a economia mundial decolaria. Ele recebeu inúmeros conselhos de especialistas e assessores de confiança para não comprá-la, mas ele seguiu em frente.

A aquisição turbinou o status da Birla no mercado mundial de alumínio, mas a matriz tinha a intenção de proteger e melhorar essa posição. A Hindalco incorporou a Novelis com muito cuidado e respeito por sua especialização técnica e relações com os clientes. Só quando viu que sua própria experiência em logística ofuscava a da Novelis, enviou pessoas da Índia para a América do Norte. A necessidade de eficiência global, combinada com a visão que a alta gerência tinha sobre a demanda global, estimulou decisões sobre quais fábricas fechar e quais expandir, incluindo a resolução de fabricar alumínio laminado na Índia, exportando 20% ou mais, até que a demanda indiana se recuperasse.

A matriz também definiu expectativas financeiras: a Hindalco passou a controlar o negócio com rédeas curtas e esperava que a Novelis fizesse o mesmo. Quando os resultados não se materializaram nos primeiros trimestres, a matriz não deixou passar. Em 2009, Kumar Mangalam Birla e Bhattacharya recrutaram Phil Martens como presidente e diretor de operações. Martens tinha um sólido histórico na Ford e na fornecedora de autopeças ArvinMeritor, além de ter participado da grande transformação da Mazda, no Japão. Sua habilidade e velocidade ao consolidar operações impressionaram tanto os líderes na Birla que Kumar Mangalam Birla pediu que ele assumisse o posto mais alto, declarando à imprensa: "[o Sr. Martens] conduziu a equipe Novelis a partir do front, energizando-a e elevando o nível da organização em todos os sentidos".

A Novelis teve um bom desempenho sob a liderança de Martens e está pronta para um crescimento contínuo. A empresa declarou US$ 11 bilhões em vendas e US$ 63 milhões em lucros no ano fiscal de 2012 e, em novembro de 2012, inaugurou sua primeira fábrica de alumínio na China. Hoje, é a maior do mundo em alumínio laminado e a maior produtora da Ásia de alumínio ainda não transformado em produtos. Embora garantindo que a Novelis estivesse atendendo as expectativas de desempenho e o posicionamento para longo prazo, nem Birla nem a Hindalco sentiram a necessidade de transformar a Novelis em uma empresa indiana. Ela está sendo liderada por um CEO americano com sede norte-americana e instalações de P&D em Atlanta, mas sempre alinhada com a ampla visão e as ambições de longo prazo de Birla.

ELES PODEM GANHAR CERCANDO OS JOGADORES DOMINANTES: A AB INBEV

A Anheuser-Busch dominou a indústria de cervejas dos EUA na maior parte do século 20. Quatro gerações da família Busch construíram, de forma agressiva — às vezes, cruel —, uma potência em distribuição e marketing. Em meados da década de 1990, tinha quase metade do mercado de cerveja dos EUA e foi um dos maiores proprietários e operadores de parques temáticos do país. Os Busches foram a realeza dos cervejeiros americanos e construtores de um império. Quando o século 21 chegou, e o ritmo da globalização comercial se acelerou, a Anheuser-Busch — com seus enormes recursos financeiros e uma marca conhecida em todo o mundo — estava perfeitamente posicionada para buscar o domínio do mundo.

Em 2010, o CEO explicou o que estava por vir. "Nosso negócio é construir marcas", disse ele.[2] Marcas locais e regionais, cada uma com uma herança distinta e uma legião de fiéis consumidores, e marcas globais como a Budweiser, Stella Artois e Beck's. A Budweiser se destacava como "nossa principal marca global". Consagrada como marca premium, número um nos Estados Unidos, China e Canadá, a Budweiser crescia no Reino Unido e em outros mercados e, logo, seria lançada na Rússia, Brasil e Argentina. "Pouco a pouco", ele prometeu, "vamos levar a Budweiser para o lugar a que ela pertence, que é o cenário global".

Mas o CEO em questão não é um Busch nem qualquer outro americano. Ele é um construtor de impérios, o brasileiro Carlos Brito. A empresa que ele dirige é a AB InBev — o produto da aquisição da Anheuser Bush pela ex-InBev, em 2008 e, agora, a maior cervejaria do mundo. Sua história é um exemplo vivo de como uma empresa do Sul pode dar resultados ainda melhores que uma do Norte.

A InBev e muitas outras empresas com a mesma iniciativa entraram no cenário global por meio de uma estratégia que eu chamo de cerco. É a versão comercial da estratégia de Mao para vencer na China: primeiro, focar no campo, então, cercar e conquistar as cidades. É a mesma estratégia que Sam Walton usou para construir o Walmart a partir de uma única loja em Rogers, Arkansas, tornando-o o titã que bateu Montgomery Ward, Sears, Kmart e outros gigantes de seu tempo. Quando a concorrência acordou, o inimigo ágil já estava derrubando os portais da cidade. As empresas da ruptura global que operam cercando a concorrência podem começar pequenas, mas pensam grande; muitos objetivam ser, no final, o jogador global número um ou número dois em sua indústria.

Embora a Anheuser-Busch tenha focado ganhos incrementais, embalada pelo seu domínio imbatível do mercado e pelo posicionamento da marca no maior mercado do mundo, ela não conseguiu perceber como tinha sido cercada. A dica poderia ter sido a aquisição, em 2002, da Miller, a segunda maior dos EUA, pela South African Breweries (SAB). Mas se a AB notou,

A NOVA FORÇA DO SUL

ela não reagiu. Enquanto isso, a antecessora da InBev, a cervejaria brasileira Ambev, estava jogando duro no jogo global da consolidação, buscando uma estratégia de corte de custos e gestão financeira inteligente.

A cervejaria agressivamente expansionista era apoiada por três dos investidores mais ricos do Brasil, Jorge Paulo Lemann, Marcel Herrmann Telles e Carlos Alberto da Veiga Sicupira, fundadores da empresa de investimentos 3G Capital. Eles projetaram a fusão de duas grandes cervejarias brasileiras na Ambev e continuaram a expandir a empresa na América do Sul. Brito ascendeu de forma inteligente na Ambev trabalhando em finanças, operações e vendas, aguçou suas habilidades no corte de custos e nas finanças, e provou, por meio de metodologias replicáveis para qualquer área, que ele e sua equipe eram eficientes criadores de valor para o acionista. Como CEO, em 2004, ele adquiriu várias empresas fora do Brasil, aumentando ainda mais sua credibilidade junto aos mercados de capitais. Em cada aquisição, pagava a dívida excessiva dentro de dois anos para equilibrar as contas e aumentar a capacidade de gerar lucros da empresa adquirida.

Brito continuou a expandir o valor de mercado da Ambev; combinado com um forte balanço, isso o posicionou para engolir presas maiores. Em 2004, a Ambev foi vendida para a Interbrew, uma cervejaria belga que também tinha crescido rapidamente por meio de aquisições. Dentro de um ano, a companhia — rebatizada como InBev — tornou Brito seu CEO. Sua eficácia em levantar dinheiro continuou impecável. Mais uma vez, ele foi capaz de reduzir a dívida e aumentar o valor de mercado e a capacidade de gerar lucro da InBev, dando, assim, um salto espetacular. Quando ele foi atrás da Anheuser-Busch, a família lutou furiosamente, mas não tinha a menor chance diante da máquina de fazer dinheiro de Brito.

A AB InBev vem perdendo uma fatia de mercado nos Estados Unidos desde a aquisição, em meio às queixas generalizadas de consumidores de que o corte de custos tem comprometido o sabor de algumas cervejas, incluindo cervejas antes importadas e agora fabricadas nos EUA. Os funcionários da empresa não admitem as denúncias, mas se as percepções continuarem a crescer, Brito poderá ter de recuar na decisão de cortar alguns custos.

Ainda assim, a lição permanece. Como tantas outras empresas estabelecidas, os gestores da Anheuser não viram o poder que os concorrentes estrangeiros foram acumulando. Eles perderam a visão, a iniciativa e a ousadia com a qual tinham construído seu negócio. Essas qualidades provavelmente são mais encontradas hoje em empresas — principalmente do Sul —, tanto que os líderes americanos nunca prestaram atenção até que eles próprios subitamente se tornaram vítimas delas.

ELES PODEM GANHAR MIRANDO MAIS ALTO: O HAIER GROUP

Os fabricantes do Sul normalmente atacam os mercados do Norte com preços baixos. O Haier Group, da China, é uma notável exceção: o CEO, Zhang Ruimin, se propôs a criar uma marca global que posicionaria sua empresa nas faixas média e alta. Zhang construiu sua marca oferecendo alta qualidade, inovação e serviço impecáveis, que poderiam determinar um preço premium. A estratégia valeu a pena. Fraco coadjuvante no mercado chinês no início da década de 1980, a Haier tem crescido a ponto de ser a maior fabricante do mundo de produtos de linha branca (eletrodomésticos, como fogão e geladeira). Ela alcançou grande escala global confrontando os fabricantes bem estabelecidos do Norte em seu próprio território e usando seu sucesso lá como alavanca para ganhar no Sul.

Zhang definiu esse curso no início de sua carreira de 28 anos como chefe da Haier, quando a empresa ainda estava exportando seus produtos da China. "O objetivo da maioria das empresas chinesas é exportar produtos e ganhar moeda estrangeira", disse a pesquisadores da Harvard Business School na época. "Esse é o único propósito delas. Nosso propósito na exportação é estabelecer uma reputação da marca."[3]

A estratégia era uma extensão da herança da Haier. A empresa começou como uma empresa de refrigeradores municipal quase falida, em Qingdao.

Assim como outros eletrodomésticos chineses, as geladeiras eram baratas e de baixa qualidade. Zhang, a quem o governo havia encarregado, em 1984, do negócio decadente, acreditava que os consumidores ficariam felizes em pagar mais por qualidade melhor e serviço confiável. Mas como ele poderia fazer isso em um país com pouca tradição na fabricação de excelentes bens de consumo? Uma viagem para a Alemanha deu a resposta, e ele assinou um acordo de licenciamento de tecnologia com a fabricante de refrigeradores Liebherr. Para garantir que a tecnologia se traduzisse em produtos vendáveis, Zhang reforçou o então estranho conceito de qualidade. Em um momento, por exemplo, ele tirou 76 geladeiras de linha, algumas por causa de pequenas falhas como arranhões, e ordenou que os funcionários as triturassem. "Isso chamou a atenção deles", riu Zhang. "Eles finalmente entenderam que eu não venderia qualquer coisa, como meus concorrentes. Tinha que ser o melhor."

A Haier deu lucro no segundo ano de Zhang e ganhou uma medalha de ouro pela qualidade em uma competição nacional de 1988. O timing foi perfeito. O mercado de geladeiras ficou saturado, e os concorrentes estavam baixando seus preços. Zhang, porém, elevou os preços em 15%, contando — corretamente — com a ideia de que as pessoas podem pagar por qualidade. Ele também encontrou oportunidade no péssimo serviço fornecido por outros produtores chineses. Por exemplo, quando as geladeiras quebravam, o que acontecia com frequência, os clientes tinham de esperar semanas pelo conserto. A Haier não só construía máquinas mais confiáveis, mas também consertava com mais rapidez as que quebravam e emprestava substitutas aos consumidores durante o conserto. Até o final de 1989, quando o faturamento havia crescido mais de dez vezes, para US$ 64 milhões, a empresa construiu um centro de serviços informatizado e estava começando a construir uma rede autorizada de serviços. No início da década de 1990, Zhang ampliou a escala do negócio, construindo uma fábrica moderna, a partir da qual a Haier terceirizou parte da produção para fabricantes de equipamentos originais, enquanto vendia uma variedade crescente de seus próprios aparelhos. Aproveitando sua experiência operacional e de serviços, a Haier também cresceu com-

BEM-VINDO AO MUNDO EM MUDANÇA

prando fabricantes de eletrodomésticos chineses de baixo desempenho e fazendo-os mudar de atitude. Ele visava empresas com bons produtos, mas com má gestão e, então, as corrigia. Por exemplo, em 1995, o governo municipal de Qingdao pediu à Haier que comprasse uma empresa falida de máquinas de lavar. Em um ano e meio, a Haier levou a empresa da quase falência para ser o maior fabricante de máquinas de lavar roupa na China. Naquela época, a Haier também era o maior e mais rentável fabricante de aparelhos da China. Sob o guarda-chuva da marca Haier, agora poderosa, Zhang começou a diversificar — primeiro, em aparelhos de ar-condicionado e freezers, mais tarde, em lavadoras e secadoras, micro-ondas, televisores e outros eletrônicos de consumo.

O negócio de produção terceirizada se expandiu rapidamente, levando a Haier para o Reino Unido e para a Europa. Ela fez, ainda, mais incursões por meio de joint ventures com empresas europeias e japonesas e da construção de fábricas na Indonésia e na Europa Oriental. As geladeiras fabricadas pela Haier vendiam particularmente bem na Alemanha, onde sua qualidade veio a ser reconhecida não apenas como equivalente, mas superior a algumas marcas alemãs bem conceituadas. Não surpreendentemente, em 1997, a Alemanha se tornou o primeiro mercado de exportação para as geladeiras da marca Haier — a porta de entrada para competir com empresas como Siemens, Electrolux, Whirlpool, Sony, Samsung e GE. No mesmo ano, a Haier formou uma joint venture com a empresa de eletrônicos filipina LKG para a fabricação e venda em mercados locais e regionais de freezers, aparelhos de ar condicionado e lavadoras de roupa da marca Haier, nas Filipinas. Como na China, a Haier se diferenciou, identificando inovações que agradavam aos clientes e colocando-as rapidamente em produção (por exemplo, freezers com um compartimento separado para manter macio o sorvete, e — na Coreia — um compartimento no refrigerador para repolho kimchi em conserva). Logo, a empresa ampliou sua linha branca para incluir uma "linha preta" (eletrônicos de grande consumo, como televisores). Seus aparelhos e TVs "inteligentes" estavam entre os itens em exposição no Consumer Electronics Show, em Las Vegas, em janeiro de 2012.

A Haier entrou no mercado norte-americano sem que os grandes fabricantes percebessem, concentrando-se em nichos onde a empresa poderia tranquilamente construir sua reputação com varejistas e consumidores. Um nicho apareceu em 1994, quando Michael Jemal, um sócio da empresa que importava aparelhos da marca Welbilt, veio à procura de geladeiras compactas adequadas para escritórios e dormitórios. Ele comprou 150.000 unidades para comercializar sob o nome Welbilt e vendeu todo o lote em um ano.

A Haier rapidamente abocanhou cerca de um quarto das vendas de refrigeradores compactos e, então, ramificou o negócio em refrigeradores de vinho e, rapidamente, também conquistou quase um terço desse mercado. Em 2005, o *Euromonitor International* informou que a Haier tinha 26% do mercado norte-americano de refrigeradores compactos e 50% do mercado de refrigeradores de vinho. Continuamente, a Haier acrescentava novos produtos, e Jemal construía relações e consolidava a marca Haier junto aos varejistas norte-americanos. O Walmart, em particular, tornou-se um grande cliente. Em março de 2005, o site do Walmart listou 44 produtos Haier diferentes, a maioria voltada para o mercado estudantil universitário. Os mais vendidos eram um refrigerador compacto de US$ 140, um contêiner de bebidas com espaço para 125 latas por US$ 165 e uma lavadora de roupas portátil de US$ 200. Liderando a lista de produtos Haier do Walmart estava uma máquina de venda de cerveja de meio barril que custava US$ 675.

A Haier e Jemal formaram uma joint venture chamada Haier America, que planejava se expandir para uma ampla faixa de aparelhos, onde os participantes estabelecidos tinham fraquezas. Em 2000, a empresa construiu uma fábrica de refrigeradores de US$ 40 milhões na Carolina do Sul (EUA). "Não queremos competir com eles porque eles são muito maiores que nós", disse Jemal. "Acreditamos que temos a nossa posição separada no mercado, e eles têm a deles. Eles podem pisar em nós quando quiserem porque somos muito pequenos comparados a eles nos EUA." Até hoje, essa filosofia parece ter prevalecido, uma vez que a Haier ainda tem de se tornar um jogador importante em aparelhos

BEM-VINDO AO MUNDO EM MUDANÇA

maiores. Além disso, o colapso do mercado imobiliário, sem dúvida, diminuiu sua estratégia de expansão.

Mais recentemente, a Haier tinha a meta de aumentar sua fatia de mercado na Europa, atualmente cerca de 1% nos principais aparelhos. De acordo com o *Financial Times*, "o plano da Haier é visar o meio à extremidade superior do mercado de eletrodomésticos, e não a extremidade inferior tradicionalmente associada a empresas chinesas que competem principalmente em preço".[4] Uma coisa que ajuda, acrescenta o FT, é que seu nome soa mais alemão que chinês. "A maioria dos consumidores globais não sabe que é chinês. 'Nunca enfatizamos esse ponto', diz Li Pan, diretor da divisão no exterior da Haier. 'Não negamos isso, mas também não enfatizamos.'"

Entre 2007 e 2010, Zhang empreendeu uma grande inovação em gestão: ampliar a técnica de equipe autodirigida, normalmente limitada a operações específicas em fábricas e escritórios, e transformá-la em uma prática da empresa toda. A Haier, ele acreditava, precisava ser extraordinariamente sensível aos seus clientes, capaz de se mover mais rapidamente que os concorrentes ao trazer inovações para o mercado. Para tanto, ele organizou toda a empresa em equipes autodirigidas com tamanhos variados, de 10 a 30 membros, cada uma focada em um cliente ou grupo de varejo. As equipes incluem um mínimo de quatro gerentes de clientes, quatro gerentes de produto e um líder. Os membros vêm de todos os níveis e funções, mas quem toma as decisões são aqueles que trabalham diretamente com o cliente. Na Haier, cada equipe é totalmente responsável por suas decisões.

O resultado é um grupo que tem uma ligação próxima com o cliente e a capacidade de atuar imediatamente sobre o que o grupo aprende com esse cliente. É uma arma poderosa contra todo o tipo de concorrente. Como a tomada de decisão é ágil, e a responsabilização é clara, o sistema garante a mais rápida e completa integração de decisões possível. Basicamente, isso dá aos clientes da gigante global a capacidade de resposta esperada de uma empresa local.

A Haier ainda está encontrando seu caminho nos Estados Unidos, e a grande maioria de suas vendas vem da China. Mas suas vitórias acumuladas nos mercados em quase toda parte lhe dão um status global inquestionável. Com uma receita de cerca de US$ 18 bilhões em 2011, ela distribui produtos em mais de 160 países e regiões. A Haier tem 61 empresas comerciais, 24 fábricas, dez centros de P&D e 21 parques industriais com mais de 70 mil pessoas em todo o mundo. Em 2011, pelo terceiro ano consecutivo, a empresa de pesquisas de mercado Euromonitor International classificou a Haier como a principal marca de aparelhos no mundo, estimou sua fatia de mercado em 7,8% e a citou como um líder global em eletrônicos de consumo.

Deixarei a palavra final sobre a Haier e sobre Zhang para Geoffrey Colvin da revista *Fortune*. Apontando o sistema de equipes autodirigidas da Haier, ele escreve: "Zhang está inovando radicalmente. Talvez mais radicalmente do que qualquer outro diretor operacional em uma escala tão grande. Mesmo aqueles que pensam que o conhecem, podem não perceber o quão longe esse antigo Guarda Vermelho e burocrata municipal está levando o capitalismo".[5]

ELES PODEM CRIAR NOVOS E INOVADORES MODELOS DE NEGÓCIOS: A BHARTI AIRTEL

Caso ainda questione a ambição, a tenacidade e o tino comercial dos líderes do Sul para vencer nos mercados globais, você deve conhecer Mittal Sunil. Até recentemente, poucas pessoas fora da Índia tinham ouvido falar sobre a Bharti Airtel, a empresa de telecomunicações que ele construiu do zero. Isso mudou subitamente em 2010, quando Mittal fechou um negócio decisivo para o Grupo Zain. A compra do Grupo Zain por US$ 10,7 bilhões, que incluiu os ativos africanos da empresa de telecomunicações do Kuwait, foi o maior negócio transnacional de todos os tempos nos mercados emergentes, e isso impulsionou a Bharti Airtel para o quinto lugar entre as empresas de telecomunicações globais. Com cinquenta e cinco anos de idade, Mittal veio de origens modestas e se tornou um dos maiores líderes empresariais na Índia, estrelando manchetes como CEO do ano, empresário indiano do ano e um dos empresários mais importantes do mundo. Mas Mittal não considerou seu sucesso o ápice de um sonho. Pelo contrário, era um degrau em sua visão de longo prazo para posicionar sua empresa entre as melhores do mundo.

A iniciativa, a tenacidade e o tino comercial de Mittal estão profundamente enraizados. Crescendo em Ludhiana, um importante centro industrial no norte da Índia, o jovem Mittal estava cercado por pequenas metalurgias e lojas de engenharia de iluminação, onde milhares de empreendedores ganhavam a vida trabalhando por empreitada e fabricando componentes para grandes indústrias — produtos como fios para fazer meias e malhas e peças para motos e bicicletas. Ludhiana é o berço da Hero Honda, atualmente, a maior fabricante mundial de motocicletas por unidade. Além disso, era o centro da indústria indiana de malhas de lã, representando cerca de 95% das exportações de malhas da Índia no final dos anos 1970, quando Mittal estava atingindo a maioridade .

Ludhiana era, nas palavras da Mittal, "o alicerce da indústria de pequena escala", e quando ele se formou na faculdade aos 18 anos, imediatamente entrou no jogo.[6] Com um empréstimo de US$ 1.500 do seu pai, ele montou uma fábrica de virabrequins para bicicletas, fazendo o trabalho pesado de vendas e distribuição, mesmo que isso significasse subir na caçamba de caminhões e em trens lotados para permanecer dentro do seu orçamento apertado. Foi um caminho viável para ganhar a vida mas, mesmo jovem, Mittal já via as limitações do modelo comercial: os fabricantes de bicicletas eram muitas vezes maiores que seus fornecedores e controlavam os preços e a demanda. Mittal não queria esses jogadores poderosos colocando um teto sobre suas ambições, então, menos de três anos depois, ele se mudou para Mumbai, ainda chamada Bombaim.

Ele começou comprando diversos produtos — zíperes, plásticos, aço e zinco — de empresas estrangeiras e revendendo-os para as indústrias têxteis e de metal da Índia. Então, quando soube que a Suzuki do Japão precisava de ajuda para vender geradores portáteis na Índia, convenceu a empresa de que ele seria um parceiro comercial confiável e se tornou um distribuidor daquela marca. Isso foi antes de as políticas de liberalização econômica dos primeiros-ministros Narasimha Rao e Singh Manmohan despertarem o crescimento econômico da Índia e antes de a Índia se tornar o *back office* das multinacionais ocidentais. Até o final da década de 1980, o governo tentou controlar o crescimento econômico da Índia por meio de um planejamento centralizado e complexos requisitos de licenciamento. Um empresário aspirante tinha de se candidatar para entrar em uma linha de negócios e frequentemente havia longos atrasos e várias aprovações necessárias antes de a permissão ser concedida. O complexo sistema, conhecido como Licença Raj, era ineficiente, propenso à corrupção e privilegiava algumas empresas em detrimento de outras. Tarifas pesadas e limites para o investimento estrangeiro direto mantiveram concorrentes de outros países acuados, mas era uma pequena compensação pelas políticas imprevisíveis que podiam representar o sucesso ou o fracasso de uma empresa ou indústria do dia para a noite. No início da década de 1980, o poder legislativo proibiu subitamente a importação de geradores, e como Mittal disse a um entrevistador da *Knowledge@Wharton*: "Um belo dia, não havia mais negócio. Todos os negócios que eu tinha desenvolvido acabaram".[7]

O que fazer em seguida? Mittal partiu para as feiras comerciais a fim de encontrar um produto que seria único, pelo qual ele poderia pagar e, sobretudo, que não rivalizasse com os grandes jogadores no país de origem. Quando ele viu um telefone de botão em uma apresentação em Taiwan, percebeu imediatamente que iria substituir os telefones com disco giratório da Índia e que ele poderia construir um negócio em torno dele. Ele convenceu a Siemens AG alemã a torná-lo o representante indiano e o distribuidor de seus telefones e, por fim, expandiu o negócio para incluir secretárias eletrônicas e aparelhos de fax.

As maiores oportunidades tomaram forma no início da década de 1990, quando a administração Rao começou a abrir a economia. Uma infraestrutura melhor era extremamente necessária, sobretudo nas telecomunicações, área em que a Índia tinha ficado muito atrás dos Estados Unidos, Europa, Japão e Coreia; milhões de pessoas em áreas remotas simplesmente não tinham serviços telefônicos. Em 1992, o governo anun-

BEM-VINDO AO MUNDO EM MUDANÇA

ciou que estava preparando licitações em várias cidades, que permitiriam à iniciativa privada competir com as três companhias telefônicas decrépitas controladas pelo governo; as empresas indianas teriam permissão para se associar a estrangeiras, competindo pelo negócio. Mittal viu o início de uma curva de crescimento fenomenal. Com apenas US$ 5 milhões em vendas, a companhia dele estava fora da disputa por uma das licenças de US$ 10 milhões. Foi então que ele colocou suas habilidades para recrutar parceiros. No final das contas, ele convenceu uma empresa francesa (que mais tarde tornou-se a Vivendi) e empresas de telecomunicações das Ilhas Maurício e do Reino Unido a serem seus parceiros.

Seu próximo desafio era convencer o governo de que sua pequena empresa, então chamada Bharti Telecom, poderia ser confiável para construir uma rede e fornecer serviço de telefonia celular, como prometido. Nem sua paixão pelo negócio nem seus parceiros estrangeiros seriam suficientes. Ele dedicou um total de três meses para dominar os detalhes de seu plano de negócios e aprimorar sua apresentação para apagar qualquer dúvida que os tomadores de decisão pudessem ter. Seus esforços foram recompensados: Bharti venceu uma das duas licenças para o serviço de telefonia celular em Nova Délhi, a segunda maior cidade da Índia, e com o nome Airtel, foi o primeiro dos oito novos licenciados a prestar serviços de telefonia celular na Índia. Pelo menos por enquanto, Mittal estava onde queria estar: na base do setor de telecomunicações.

O sucesso financeiro não viria facilmente. O investimento inicial foi enorme, o governo colocou um limite sobre os preços, e a concorrência logo chegou. A segunda licença em Nova Délhi pertencia à Essar, uma grande e diversificada empresa indiana de 25 anos, e o combate corpo a corpo começou. Mas enquanto a Essar buscava grandes clientes corporativos, a Airtel procurava uma base mais ampla, abordando pequenas empresas e trabalhando rapidamente para adquirir a massa crítica de clientes necessários para cobrir o investimento nos ativos fixos. Apesar do ritmo acelerado, Mittal levava o negócio a rédeas curtas, porque sabia que a disciplina operacional era essencial para manter os custos baixos e os clientes felizes. Ele protegeu o balanço, convencendo os fornecedores de aparelhos telefônicos a ampliar o crédito.

O foco nos consumidores da Bharti Airtel provou ser a escolha certa, e o pequeno ambicioso passou à frente da Essar, em Nova Déli. Isso deu a Mittal todo o incentivo necessário para buscar mais licenças, quando o governo propôs círculos — basicamente, regiões — para a licitação. Mas, desta vez, centenas de concorrentes estavam competindo pelas licenças, empurrando os preços para o alto. Alto demais, de acordo com os próprios cálculos de Mittal para o valor das licenças. Ele saiu com apenas duas licenças, uma para fornecer linhas de telefonia fixa na região central da Índia e outra para fornecer telefonia celular em Himachal Pradesh, no Norte. Ele sabia que a introdução de telefones celulares em Himachal Pradesh, uma área remota, pouco povoada e montanhosa, seria muito diferente do mercado de Nova Délhi. Mas também sabia que o sucesso nesses mercados marginais iria posicioná-lo em negócios de maior escala. Aprender e vencer na periferia iria prepará-lo para vencer nos círculos mais densamente povoados e potencialmente mais rentáveis.

Não demorou muito para que novas áreas ficassem disponíveis para ele. No final da década de 1990, algumas das empresas que tinham dado lances muito altos pelas licenças de telefonia celular queriam se livrar dos pagamentos onerosos para o governo e, felizmente, as venderam por uma pechincha. A empresa de Mittal ainda não tinha dado lucro, mas ele havia se estabelecido como um operador confiável e eficiente. Parceiros financeiros, incluindo a SingTel e a empresa de private equity internacional Warburg Pincus, entraram no negócio.

Mittal distanciou sua empresa de muitos concorrentes com dois diferenciais importantes. O primeiro foi a velocidade. Assim como Mittal tinha vencido a Essar no mercado de Nova Délhi, montando a rede em primeiro lugar e ampliando seu alcance, ele lançou novas redes, novas aplicações e novas abordagens para a formação de preços antes que as outras pudessem se mover. "Se você está preso entre velocidade e perfeição, escolha sempre a velocidade, e a perfeição virá em seguida", disse Mittal.[8] O segundo diferencial foi ficar perto de seus clientes. A Índia não é um cenário de consumo uniforme. Os estilos de vida de consumo,

BEM-VINDO AO MUNDO EM MUDANÇA

renda, infraestrutura e iniciativas do governo estadual ou sua ausência são absolutamente diferentes entre os estados. Por exemplo, em Gujarat, no centro-oeste do país, o ministro-chefe exerce uma liderança extremamente forte, trazendo investimentos estrangeiros e atraindo indústrias de outros estados, e tem estruturas organizacionais que permitem rápidas tomadas de decisão em um cenário político democrático. Ele entende de negócios, é motivado para criar crescimento econômico e tem a máquina social para fazer isso. Em contraste, Bihar, no leste, era, até três ou quatro anos atrás, dominada pelo crime em plena luz do dia. É um dos estados mais ricos devido aos minerais e a outros recursos naturais, mas carece de lei e ordem. Por isso, não atraía a indústria; na verdade, a indústria estava saindo. Um novo ministro foi eleito há oito anos e está restabelecendo a ordem. A indústria está gradualmente chegando, mas Bihar ainda tem um longo caminho a percorrer. Quando a Bharti entrou nesses novos mercados, ela contou com gestores locais, porque eles entediam as condições locais e seriam úteis na operacionalização da estratégia.

O governo indiano mudou a política várias vezes, mas a Bharti Airtel se ajustou. Em 2003, o governo suspendeu a restrição sobre o número de licenças que uma empresa poderia adquirir, o que desencadeou uma consolidação da indústria. Da necessidade de competir contra as operadoras endinheiradas como a Essar, Tata e Reliance, que poderiam se dar ao luxo de acumular licenças adicionais, o tino comercial de Mittal levou-o a elaborar um novo modelo comercial. A indústria não estava crescendo, mas, ao mesmo tempo, estava mudando rapidamente. No entanto, a receita por assinante era persistentemente baixa. Portanto, competir com as outras requeria ganhar escala, alcançando grandes números de consumidores rapidamente e mantendo os clientes satisfeitos quando suas necessidades evoluíam de serviços básicos para os de alto valor. O critério levou a um modelo comercial único que estreitou o foco gerencial e liberou o capital para Mittal buscar sua visão ambiciosa. Ele terceirizou o sistema de entrega inteiro para outras empresas, delegando os sistemas de informação para a IBM e a construção de redes para a Ericsson e a Nokia Siemens (Siemens, na época). Ele os pagou com base no tráfego que vinha pelas redes, efetivamente transformando um negócio baseado em pesados custos fixos em um no qual os custos variavam com o uso. Uma das grandes vantagens da Airtel sempre foi seu foco nítido. Esse modelo inovador, que veio a ser conhecido como modelo indiano, intensificou ainda mais o foco. Agora, a empresa poderia identificar seus esforços não apenas em telecomunicações, mas, especificamente, nos clientes de telecomunicações.

O modelo indiano é um conceito radicalmente novo, totalmente diferente do que as empresas de terceirização têm feito com sua tecnologia de informação. A parte mais inovadora dessa abordagem é que ela reduz a intensidade de capital da empresa de modo incrível, permitindo que a empresa se expanda mais rapidamente. Seus parceiros fornecedores investem na infraestrutura e gerenciam-na. São parceiros comerciais que fizeram um investimento financeiro considerável, portanto, têm a pele em jogo e compartilham os benefícios financeiros do crescimento. Se as receitas da Airtel subirem, os fornecedores receberão mais. Se caírem, receberão menos. A troca de informações em tempo real e a coordenação diária das receitas, margens e serviços são essenciais para manter a confiança nesses relacionamentos de longo prazo.

O modelo comercial inovador da Bharti Airtel permitiu-lhe expandir em uma escala muito maior, perfeita para um líder ambicioso. Como Mittal disse ao *Economic Times*: "Mesmo no ano de 2000, quando a SingTel de Cingapura adquiriu uma participação estratégica na Airtel, tínhamos apenas 350 mil clientes. Havia poucas empresas, no nível mundial, que tinham 25 milhões de clientes. Todos os contratos de terceirização que fizemos, seja com a IBM, a Ericsson ou a Nokia Siemens, eram para atender ao grande sonho de se tornar uma empresa com 25 milhões de clientes. Mas quando chegamos lá, definimos novas metas e, pela primeira vez, pensamos que 100 milhões era possível. Atingimos essa meta de 100 milhões um ano antes do que havíamos planejado".[9]

No início da década de 2000, a Bharti Airtel mantinha o foco no cliente e na excelência operacional, quando se expandiu geograficamente por toda a Índia e, em seguida, pela primeira vez, além da Índia, para Sri Lanka e Bangladesh. Sempre que entrava em um território novo, ela acumulava mais escala operacional, gerencial e de marketing, aproveitando o modelo comercial que era a semente de seu sucesso: confiar em parceiros para gerir o sistema de informação, construir a infraestrutura física e usar os gestores locais para se concentrar mais nos clientes.

Ao fazer negócio com a Zain, a compra dos ativos de telecomunicações em 15 países africanos, de uma só vez, a Mittal usaria a mesma fórmula comprovada, levando os parceiros IBM e Nokia Siemens para a África com ela. Manoj Kohli, um profissional indiano que dirigia o negócio da Bharti Airtel no Sul da Ásia, seria o presidente-executivo da unidade internacional da empresa, mas a África seria, em grande parte, dirigida pelos africanos. Os observadores do setor pensavam que a indústria de telefonia celular africana era incontrolável, perdia muito dinheiro e que a Bharti Airtel tinha competição suficiente em casa para se preocupar. Mas Mittal estava contando com sua eficiência comprovada e com o foco no cliente. E ele via o sucesso na África como um grande passo em direção ao objetivo final de se tornar o número um ou dois no mundo.

As ambições da Bharti Airtel para a África eram grandes: aumentar o número de assinantes de 42 milhões para cem milhões e aumentar o faturamento de US$ 3,6 bilhões para US$ 5 bilhões anuais até 2013. Os bancos não estavam entre os críticos; de fato, eles amavam o modelo comercial da Bharti Airtel e estavam ansiosos para estenderem o crédito ao que eles viam como uma máquina de telecomunicações no início de uma curva de crescimento acentuada. Não me lembro de situação alguma nas últimas cinco décadas de um executivo do tipo Sunil Mittal — fundador de uma empresa, principal acionista e presidente — enviando um de seus principais executivos para um novo território a fim de construir uma nova aquisição muito menor. Kohli se apresentou porque a atribuição iria desafiá-lo e ampliar seus horizontes, e ele teria uma experiência global valiosa.

Kohli dirigiu as operações da Bharti Airtel na Índia, Bangladesh e Sri Lanka, e conhecia todos os detalhes da execução. Ele sabia que o que fun-

A NOVA FORÇA DO SUL

ciona em Gujarat não necessariamente funciona em Bihar. Portanto, sua mente estava aberta para descobrir a abordagem certa para cada um dos 15 mercados africanos (hoje, são 17). Ele também entendeu a mente de empresas do Norte como a Vodafone, um grande concorrente na Índia. Ele foi treinado por Larry Bossidy, o lendário ex-CEO da Allied Signal e, depois, da Honeywell, trabalhando em ambas as empresas. Como conhecia todos os fundamentos, Kohli pôde improvisar em cada um dos mercados africanos, aprimorando os detalhes da estratégia (preços, operações, alcance dos clientes, trabalhar com governos individuais, mix de serviços) para fazer o certo. E Mittal lhe havia dado o poder de decisão.

Kohli não desperdiçou um momento sequer ao tomar conta da nova aquisição, o que significava aprender as especificidades de cada país. "Nós tentamos fazer isso rápido", diz ele. "Em muitos casos, o impacto da integração é visto depois de dois a três anos. No nosso caso, começou em meses, porque definimos a direção certa desde o primeiro dia." Era um processo intensamente prático. "Nós rejeitamos conscientemente os consultores por duas razões. Primeira, todos esses caras trabalharam na África por dez ou 20 anos, e isso não é o mesmo que conhecer o futuro. Segunda, queríamos experimentar por nós mesmos, com nossos próprios olhos e ouvidos, cometer nossos próprios erros. Só, então, conheceríamos as complexidades e as realidades." Ele acrescenta: "Nós teríamos que desaprender muitas coisas que sabíamos porque o sucesso do passado não garante o sucesso futuro".

Apenas uma semana após a aquisição ser concluída, a empresa reuniu os cem principais líderes africanos em Kampala, capital de Uganda, para criar, em conjunto, uma visão para o futuro e responder a perguntas. Uma dessas perguntas, diz Kohli, foi: "Por quanto tempo você ficará aqui?". Havia muita ansiedade e cinismo, porque a empresa tinha sido adquirida e sua direção substituída cinco vezes nos últimos dez ou 15 anos. Quando a sessão terminou, a visão da empresa dava uma declaração clara, não apenas sobre a direção da Airtel, mas também sobre seu compromisso: "Bharti será a marca mais amada no cotidiano do povo africano em 2015".

BEM-VINDO AO MUNDO EM MUDANÇA

Apesar das dificuldades de viajar na África, onde ir para um país vizinho pode significar fazer uma rota por Paris ou Dubai, Kohli viajou por dois meses. Ele se reuniu com os altos funcionários do governo de cada país, incluindo presidentes, primeiros-ministros, vários ministros e reguladores de telecomunicações, e descreveu-lhes, em termos brilhantes, como os serviços da Bharti contribuiriam para o desenvolvimento econômico da África e melhoria de vida das pessoas. Ele visitou os escritórios da Bharti em cada país, conhecendo o máximo de funcionários que pôde, apertando as mãos e respondendo às perguntas, de modo que a população local pudesse ver "que tipo de pessoa" ele era.

A Bharti manteve a maioria dos funcionários originais, além de alguns da Zain, que acabaram voltando para o Oriente Médio. Alguns líderes indianos foram trazidos, mas menos de uma centena dos 6.500 funcionários. Cerca de 85% dos principais executivos são africanos. Kohli se reuniu com os principais gestores, encarregando-os de trabalhar em planos de crescimento para os próximos três meses e iniciar estratégias de longo prazo. "Você não pode abordar de forma geral as estratégias na África; você deve personalizar cada mercado", diz ele. "Não há nada chamado África, assim como não há nada chamado Índia. Há muitas diferenças, mesmo dentro dos estados. Há 10.000 idiomas, uma média de quatro por país, e milhares de grupos étnicos. Você deve levar uma nova mentalidade a cada um." Mas todos os gestores dos países tinham certos princípios comuns. Kohli os identifica: "A ética e os valores básicos da empresa, que não iremos comprometer. A cultura do nosso povo: respeito às pessoas, ser sensível às diferenças culturais. Ser muito agressivo no mercado. Visar preços acessíveis, ter uma penetração profunda nas pequenas cidades e áreas rurais, e três caminhos de crescimento específicos: telefone, internet e transferência de dinheiro — que é especialmente importante, já que 95% dos africanos não tinham acesso a bancos". Por fim, ele se encontrou com os distribuidores e outras partes interessadas, junto com a imprensa, para quem ele descreveu os planos de investimento da Bharti (e tentou desfazer alguns estereótipos negativos sobre os indianos — ou seja, que eram cortadores de custos mesquinhos).

Um mês depois, ele retornou para uma segunda viagem. "Voltei para reforçar o que disse e me certificar de que eles entenderam", diz Kohli. "Caso contrário, você é como a gaivota que pousa em um lugar e nunca mais volta a ele. Queríamos ter a certeza de que eles sabiam que iríamos apoiá-los para alcançar um sucesso muito maior." Durante todo o tempo, a empresa estava lançando bases para as relações de longo prazo e construindo confiança.

Os funcionários africanos da Bharti inicialmente ficaram desconcertados com o modelo comercial único de dividir as várias operações entre os parceiros. Alguns deles estariam agora trabalhando para a IBM, Ericsson ou Huawei, e não estavam satisfeitos. Foi explicado que eles ainda fariam parte da família Bharti Airtel. Para aliviar suas ansiedades, eles receberam cartas dizendo que se não gostassem de trabalhar para as outras empresas, poderiam voltar para a Airtel. "Trabalhamos com eles caso a caso, parceiro a parceiro e, até agora, ninguém quis voltar para nós", diz Kohli.

O modelo comercial em si, as centrais de atendimento, TI, distribuição e design organizacional — todos foram "africanizados". Por exemplo, a Bharti planejou originalmente três centrais de atendimento, um para a África francófona, outra para a Nigéria e uma terceira para o resto da África anglófona. "Isso foi errado. Vimos, dentro de meses, que isso precisava ser mudado por causa da variedade de idiomas, falta de conectividade local e questões regulatórias. Hoje, temos centrais de atendimento em cada país, administradas por três parceiros. Gradualmente, nossos fornecedores conseguiram outros clientes, como bancos e outras empresas de telecomunicação, portanto, você poderia dizer que demos à luz a um novo setor de serviço."

Naquela que a Bharti chama de segunda fase, com início no final de 2011, a empresa lançou projetos de desenvolvimento de talentos em cada país. "O Chade, por exemplo, fica no Norte da África e metade é deserto. É difícil para as pessoas aprenderem novas competências. Prometemos ao governo que desenvolveríamos os talentos. E estamos fazendo isso em TI, redes, marketing, finanças — muito treinamento e orientação, enviando as pessoas para a Índia por algumas semanas para que elas possam ver o que fazemos lá com seus próprios olhos. Elas voltam com uma motivação fantástica."

A sede em Nova Délhi aprova os orçamentos, define as estratégias e cuida da nomeação ou demissão dos diretores. As equipes de finanças e RH ajudam a apoiar a transformação, e as operações são revisadas duas vezes por trimestre. "Exceto por isso", diz Kohli, "a equipe africana é capacitada para cuidar de tudo o mais".

Kohli reconhece, com franqueza, que a organização do empreendimento africano da Bharti levou mais tempo e exigiu mais dinheiro do que a empresa esperava. "Não tivemos lucro líquido ainda, um objetivo muito importante. Completar o desenvolvimento de talentos pode levar mais de um ano. As avaliações de nossa marca estão melhorando, mas ainda não estão onde as queremos. Revisamos cada país, cada projeto, cada função e lançamentos-piloto. O mecanismo é muito preciso em termos de fatores de sucesso. A transformação que iniciamos está significativamente concluída. O impacto virá agora, trimestre por trimestre."

A Bharti está vencendo em quatro mercados, mais significativamente no Quênia, e está prestes a se expandir para o resto do continente, com seus adicionais 500 milhões de clientes potenciais. Em meados de 2012, a empresa lançou, em todos os mercados, a tecnologia 3G mais rápida do mundo — o HSPA plus —para se tornar a maior rede 3G na África, inclusive na Nigéria.

O sucesso na África tornou a Bharti verdadeiramente global. Pela contagem de clientes, ela é, desde novembro de 2012, a quarta maior operadora de telefonia celular, com mais de 260 milhões de clientes. Seu maior valor de mercado permitirá fazer mais aquisições e expandir sua escala.

Minha caracterização de líderes e empresas do Sul é, claramente, uma generalização. Sucessos e fracassos ocorrem em todos os lugares, por várias razões. Mas minhas frequentes visitas ao Sul confirmam minha observação de que as empresas de lá estão agindo de maneiras que muitas empresas do Norte ainda não estão e sequer conseguem reconhecer. Elas

A NOVA FORÇA DO SUL

estão usando estratégias inovadoras e modelos de negócio combinados com habilidades de negócio fundamentais. As empresas do Sul podem sair dos trilhos? Sim, claro que podem: se seus olhos forem maiores que a barriga. Se sua ambição for muito grande e perder a sintonia com seus recursos internos. Se elas se tornarem imunes aos sinais de alerta de que alguém está mudando o jogo. Ou se ficarem muito confortáveis e descuidarem do desempenho.

O principal para outras empresas não é esperar o descarrilamento, mas perceber que, apesar das mudanças estruturais que as tendências irrefreáveis de longo prazo em tecnologia, governo, demografia e digitalização estão causando, alguns dirigentes estão encontrando um caminho. Elas estão imaginando uma paisagem competitiva muito diferente daqui a 10 ou 20 anos e descobrindo como podem participar dela. Elas consideram quais áreas são mais atraentes de acordo com o potencial de crescimento que têm e o que será preciso para vencer nelas. Elas pensam grande e, a cada novo sucesso, adquirem confiança para buscar a próxima grande oportunidade.

Você vive no mesmo mundo. Você tem a mesma confiança, a mesma capacidade de imaginar um futuro no qual sua empresa terá sucesso? Está disposto a trabalhar duro para isso? Os capítulos seguintes explicam por que talvez você precise pensar de forma diferente sobre estratégia, por que sua liderança eventualmente tenha de mudar e que você pode ter de transformar sua organização para adaptá-la à mudança global. O último capítulo do livro descreve três companhias bem-sucedidas do Norte, provando que qualquer empresa com a combinação certa de estratégia, liderança, organização e execução pode vencer nessa era de ruptura global.

PARTE II
COMO TER SUCESSO NA RUPTURA GLOBAL

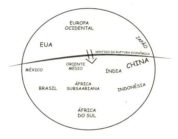

CAPÍTULO QUATRO

UM NOVO OLHAR
PARA O FUTURO

ESTRATÉGIA PARA UM MUNDO
EM TRANSFORMAÇÃO

Considere estes números:

Um bilhão de novos consumidores acrescentados à economia mundial na última década.

Mais dois bilhões juntando-se na próxima década.

US$ 2 trilhões (acrescente ou retire alguns bilhões) de crescimento econômico anual na próxima década.

Depois de lutar nas terras áridas de um crescimento raquítico por anos, você está em uma duna, com vista para esse imenso lago de oportunidades. Agora, você vai abordá-lo com uma colher de chá ou um balde?

Não é uma pergunta capciosa. Muitos empresários do Norte ficaram condicionados a pensar pequeno, porque têm lutado por ganhos incrementais em mercados pequenos. A menos que quebrem o hábito, eles vão trazer colheres de chá. Somente os pensadores ousados e ambiciosos vêm com baldes.

COMO TER SUCESSO NA RUPTURA GLOBAL

Nas décadas de 1980, 1990 e início dos anos 2000, embora o ambiente de negócios tenha crescido de modo cada vez mais turbulento, as empresas tradicionais ainda podiam sobreviver por meio de uma mudança gradual, aprimorando as capacidades essenciais e estendendo-as criativamente para os novos mercados. Mas buscar alterações incrementais no contexto da ruptura global não é uma via segura para o sucesso. A imaginação humana, a iniciativa e a transparência da interconexão em todo o mundo vão ajudar o PIB global a crescer 3% ao ano na próxima década, mesmo tendo em conta os reveses em curso causados pela crise financeira. Ao final de 10 anos, a economia mundial total será da ordem de US$ 85 trilhões.

Consiga um balde — e esteja preparado para mudar a maneira como você faz negócios. A vida útil de uma estratégia está ficando cada vez mais curta, e modelos comerciais novos e criativos estão surgindo, mandando os antigos para o lixo. Não importa seu modelo: em algum momento, ele ficará irrelevante, obsoleto ou perderá valor em relação aos concorrentes e às novas oportunidades. Esse momento pode chegar subitamente, sem sinais claros de aproximação. Considere, por exemplo, as fortunas invertidas da Research In Motion (RIM) e da Nokia, dois dos maiores jogadores em telefonia celular até 2006. Na época em que este livro foi escrito — apenas seis anos após o domínio dessas duas empresas parecer assegurado — ambas estavam em apuros, derrotadas por concorrentes com ideias novas, tecnologia mais desenvolvida e um contato mais próximo com o mercado. Esforços heroicos para ressuscitá-las podem ter vindo tarde demais.

Ficar à frente do jogo exigirá cada vez mais um pensamento novo, atenção para a inovação — sua e dos outros — e a expansão de seus horizontes.

É HORA DE DESAPRENDER AS ANTIGAS LIÇÕES

A principal habilidade mental da liderança de hoje é a capacidade de identificar as oportunidades de longo prazo e grande escala e, então, construir as capacidades para transformá-las em realidade. O problema para muitos líderes é que essa nova estrada os afasta das lições que

UM NOVO OLHAR PARA O FUTURO

eles aprenderam durante a maior parte de suas carreiras: fique em sua linha de negócios; fique com suas principais competências. E, como veremos, a lição também foi imposta na mente dos investidores, que, como resultado, têm uma visão negativa de empreendimentos ousados que possam comprometer o desempenho financeiro de curto prazo.

O conceito das competências essenciais, introduzido em 1990 por C. K. Prahalad e Gary Hamel, descreve os pontos fortes de uma organização e tem ajudado muitos líderes a focar seus negócios. Em particular, tem ajudado a resolver o problema de investir recursos em atividades que não agregam valor ou naquelas em que a empresa não era especialmente boa. A tendência de terceirização da década de 1990 foi, em grande parte, impulsionada por esse tipo de pensamento, segundo o qual, as empresas derrapam em atividades que outras poderiam fazer melhor. Na mesma linha, o sócio da Bain & Company, Chris Zook, documentou a importância de preservar e alavancar os negócios essenciais da empresa. A pesquisa de Zook cataloga os muitos fracassos que resultam de líderes que perdem de vista sua essência e argumenta, de forma persuasiva, que as empresas podem liberar o potencial de crescimento, estendendo e desenvolvendo pontos fortes, porém subutilizados.

Os conceitos desenvolvidos por Prahalad, Hamel e Zook são amplamente utilizados para projetar e desenvolver estratégias de unidades de negócio e corporativas; são guias confiáveis para o crescimento incremental, mas há uma falha. Eles tornam os líderes internamente focados e fortemente inclinados a alavancar competências já existentes. Essa orientação coloca você em risco de ignorar sérias ameaças ao negócio. Além disso, você pode precisar de novas competências para combater tais ameaças. Da forma como vejo, a estratégia de fazer como de costume é basicamente uma abordagem de dentro para fora, vista a partir do espelho retrovisor, que muitas vezes deixa escapar a oportunidade ou a necessidade de uma mudança em grande escala.

A Kodak dá um exemplo clássico. No final de 1990, ela expandiu seu negócio de filmes na China, um mercado inexplorado, que o então CEO, George Fisher, achou sedutor. Era praticamente impossível ter acesso a toda a China na época, e Fisher trabalhou incansavelmente para desenvolver relações com estatais chinesas, governos provinciais, prefeituras, ministérios, comissões e bancos, e para ter Zhu Rongji — que se tornou o primeiro-ministro chinês em 1998 — como parceiro de tênis. Por fim, as portas se abriram. Em 1998, a empresa se comprometeu a investir US$ 1,2 bilhão em duas joint ventures para fabricar e distribuir filme, papel e produtos fotoquímicos no país. Fisher estabeleceu sabiamente os empreendimentos de uma forma que dava ações minoritárias em troca de ativos da empresa aos parceiros locais, garantindo que a Kodak tivesse o controle operacional. Apesar do risco político, parecia que a Kodak fazia um grande avanço, e os investidores aprovaram.

Embora os contratos chineses expandissem os negócios essenciais da Kodak, a empresa não fizeram nada para resolver seu maior problema: a mudança para a fotografia digital. A Kodak era pioneira em tecnologia digital desde a década de 1970. Tinha um protótipo não desenvolvido de uma câmera digital já em 1975 e, em meados da década de 1990, ajudou a Apple a desenvolver sua câmera digital QuickTake 100. Competir em tecnologia digital, contudo, era um jogo completamente diferente, que ameaçava os negócios essenciais da Kodak. Em primeiro lugar, a empresa não dominava essa área como dominava o filme, mas era um dos muitos jogadores — 599 em uma contagem.[1] O mercado também era menos previsível, e as margens eram menores. Muito menores. De acordo com um ex-executivo, as margens brutas no negócio tradicional eram enormes, por volta de 75%.

Os analistas financeiros gostavam do negócio como ele era: altamente rentável. Mas já era tarde demais quando eles viram a necessidade de a Kodak ir mais rapidamente para o campo digital. Os empregados de longa data da Kodak também gostavam do status quo e tinham aversão à equipe digital.[2] Então, enquanto Fisher reconhecia a crescente importância da imagem digital, as realidades da resistência organizacional e a miopia de Wall Street pareciam tê-lo impedido de fazer uma aposta estratégica diferente e mais radical, e o antigo negócio monopolizou os recursos e a atenção da administração por tempo demais. Mais tarde,

UM NOVO OLHAR PARA O FUTURO

os esforços para acelerar a transição para o campo digital não foram capazes de conter o declínio da Kodak, e em janeiro de 2012, essa grande empresa inovadora com um legado pioneiro — uma marca antigamente reverenciada em todo o mundo e com mais de um milhão de patentes de imagem digital — entrou com pedido de falência.

Espere ver muitas histórias infelizes (não necessariamente tão comoventes) quando a ruptura torna as competências obsoletas ou menos relevantes. Contudo, líderes inteligentes, com disciplina e coragem para abandonar uma competência básica, que está ficando obsoleta ou marginal, podem fazer a transição com sucesso e até mesmo com lucro.

A alta gerência da GE previu que a entrada na indústria de plásticos da SABIC (parceria público-privada da Arábia Saudita) mudaria o jogo competitivo. O plástico era um negócio central e lucrativo da GE. Por essa divisão passaram pessoas como o ex-CEO, Jack Welch, o atual CEO, Jeff Immelt, e os ex-vice-presidentes, John Krenicki e John Opie. Mas nem o lucro nem o sentimento impediram esses homens de ver o negócio com olhos abertos. Eles perceberam que uma das unidades do negócio havia perdido em diferenciação, dada a nova concorrência e a comoditização. Remodelando seu portfólio para o futuro jogo global, eles venderam a divisão de plásticos para a SABIC por cerca de US$ 11 bilhões.

A ruptura exige que todos os líderes, desde gerentes da linha de frente até o CEO, vejam o negócio de fora para dentro, isto é, por meio da lente de um líder sentado em outro lugar, observando as mudanças globais e não contaminado por suas suposições e regras práticas pessoais. Você precisa adotar uma nova visão do mundo e, em certo sentido, olhar de canto de olho para ver como forças que parecem não relacionadas com seu negócio poderiam interagir e se combinar criando oportunidades e ameaças ao seu setor de negócios ou empresa. Não importa o modelo de negócio, em algum momento ele se tornará irrelevante ou obsoleto em relação aos concorrentes e às novas oportunidades. É então que o valor do negócio pode cair acentuadamente. Se estiver atento, olhando de fora para dentro, você verá quando essa hora está chegando — cedo ou muitos anos antes — a tempo de tomar uma atitude. Você vai saber quando medidas radicais como o corte de uma linha de produtos, a venda de uma divisão ou a reinvenção do modelo de negócio, serão necessárias para impedir o declínio.

O "olhar de fora para dentro" vai ajudá-lo a detectar não apenas as ameaças, mas também as oportunidades. Estas últimas geralmente não são óbvias a partir das macrotendências e podem exigir que alguma lógica encoberta seja descoberta. Por exemplo, sabemos que a China tem como alvo certas indústrias que ela deseja dominar; você certamente não quer encará-las de frente. Mas será que você pode pegar uma carona? Quais recursos — matérias-primas, energia ou talento — essas indústrias exigem e como a China vai obtê-las? Se a tecnologia for necessária, a China permitirá mais empresas estrangeiras? Que oportunidades isso cria para uma empresa no Norte?

Esse cenário está acontecendo agora na indústria automotiva da China, que vende cerca de 18 milhões de veículos por ano. O objetivo é aumentar a produção em até 36 milhões ao ano, em 20 anos. A China precisa desesperadamente de autopeças para alcançar seu objetivo e está permitindo que os fabricantes invistam por lá sem as rígidas exigências habituais para a transferência de tecnologia. Essa é uma grande oportunidade de crescimento para os fornecedores, que poderiam desperdiçá-la se olhassem apenas de dentro para fora. Mas a Delphi olhou de fora para dentro e viu a primeira oportunidade. Hoje, ela tem 16 fábricas, próprias e em joint ventures em que é sócia majoritária (das quais, portanto, tem controle), e dois centros de P&D na China. A Delphi ainda planeja expandir a capacidade de produção nessas fábricas e também está considerando várias novas fábricas para atender à crescente demanda.

Tão importante quanto olhar de fora para dentro é o *olhar a partir do futuro*. Com isso, quero dizer que você deve estender seu horizonte de tempo ao avaliar o mundo e imaginar qual será a paisagem competitiva daqui a 20 anos. Em seguida, volte a considerar suas implicações para o presente. Por exemplo, é provável que daqui a 20 anos haja mais carros na China que nos Estados Unidos, e a segmentação do mercado tenha mudado. Muitos desses veículos vão estar nos centros urbanos — até 20 milhões de carros em uma cidade, segundo algumas estimativas. Isso geraria uma demanda por carros movidos a bateria? De onde vêm os principais componentes dessas baterias? A partir dessa imagem do futuro, pense sobre o tamanho e as características dos mercados. Onde você desejaria estar? Pense, a seguir, no sentido inverso, para saber o que você deve fazer agora para chegar lá. Em particular, pense nas capacidades que você precisa desenvolver para levá-lo de onde você está agora para onde gostaria de estar. E, ao mesmo tempo, considere quais grandes capacidades sua empresa tem hoje que não vão fazer muita diferença no futuro — por exemplo, conhecimentos de projeto em materiais que já se tornaram obsoletos. Em suma, o olhar a partir do futuro é exatamente o oposto de focar as capacidades essenciais que você tem agora e procurar maneiras de estendê-las em novas áreas — em geral mercados adjacentes, como uma marca que pode ser usada em outro segmento da base atual de clientes da empresa.

Você não pode definir seu caminho na ruptura sem olhar de fora para dentro e a partir do futuro. Não estou sugerindo que uma empresa deva abandonar sua competência básica, mas uma lente mais ampla pode ajudá-lo a ver que sua empresa talvez precise mudar mais cedo e em uma escala maior. Se falhar em desenvolver as novas competências necessárias e em eliminar as obsoletas, a empresa pode cair no esquecimento, dada a velocidade com que as mudanças ocorrem. Será que você tem a coragem de reconhecer quando as forças existentes e a mudança incremental não são suficientes — quando o que é necessário é uma nova direção, uma grande mudança de ênfase ou uma competência que sua empresa não tem? Você está disposto a se livrar de recursos antigos para dar espaço a novos? Para ter sucesso em um cenário de ruptura, você precisa não apenas pensar mais amplamente, mas também mover-se com mais assertividade. Você deve estar preparado para fazer uma grande jogada.

PREPARE-SE PARA APOSTAS ESTRATÉGICAS

As apostas estratégicas são grandes e ousados movimentos que têm potencial de sacudir a empresa, a indústria e, por vezes, outros setores. A finalidade delas é colocar a empresa em uma nova trajetória de crescimento ou retirá-la de uma trajetória descendente — ou ambas. Essas apostas podem mudar o jogo, além de oferecerem riscos consideráveis e, como seu resultado é incerto, quase sempre provocam angústia e encontram resistência, na maioria das vezes proveniente de Wall Street. Na verdade, você sabe que está fazendo uma aposta estratégica quando sente o estresse ao encarar o risco de frente. Para ter sucesso em um mundo em mudança você precisa saber o momento certo para fazer uma aposta, por razões ofensivas ou defensivas. É aí que uma visão de fora para dentro e a partir do futuro se torna uma ferramenta de sobrevivência valiosa. Você vai precisar ser forte para fazer a aposta e também para suportar os desafios e a resistência que enfrentará inevitavelmente.

Isto é o que Andrew Liveris, presidente da Dow Chemical, demonstrou quando apostou o futuro de seu negócio na aquisição da Rohm and Haas, em julho de 2008. Liveris viu mudanças fermentando na indústria química. Olhando de fora para dentro e a partir do futuro, ele percebeu que, mais cedo ou mais tarde, o campo de jogo se inclinaria para longe dos antigos pontos fortes da Dow. Por décadas, ela dominou o negócio de produtos químicos, processando petróleo bruto para fabricar uma gama de produtos petroquímicos vendidos a uma grande variedade de indústrias. Mas os novos jogadores da Ásia e do Oriente Médio foram entrando no setor. Ao mesmo tempo, os produtores de petróleo estavam interessados em negócios que processavam suas matérias-primas. Liveris imaginou como um concorrente direto, por exemplo, a SABIC, cujo acionista majoritário é o governo da Arábia Saudita, poderia combinar com o interesse de um produtor de petróleo da Arábia Saudita em fazer uma integração vertical. Ele concluiu que as vantagens no acesso ao petróleo bruto e na determinação dos seus preços tornavam impossível para a Dow manter sua posição de líder

UM NOVO OLHAR PARA O FUTURO

no setor de commodities de baixa margem. Por causa da desvantagem na determinação dos preços, a Dow não poderia vencer no novo jogo, e em algum ponto o valor de mercado da empresa cairia.

Liveris viu um futuro mais brilhante para a Dow em produtos especializados com margem mais alta. Para ganhar nessa área, ela teria de reforçar sua capacidade limitada. Esta seria a essência de uma grande aposta, exigindo que a Dow reduzisse radicalmente seus principais negócios em favor de algo que era apenas uma pequena parte deles. E a aposta tinha de ser feita rapidamente, à frente da concorrência e antes de o valor de mercado da Dow entrar em queda livre.

A aquisição da Rohm and Haas daria sustentação às competências da Dow nos produtos químicos especializados, mas o negócio de US$ 18,8 bilhões em dinheiro exigia mais do que a Dow tinha. Agora, Liveris teria de realmente arriscar seu pescoço, espremendo os recursos da Dow e procurando um financiamento. Para preencher a lacuna, ele assinou um acordo para uma joint venture com a estatal kuwaitiana Petrochemical Industries Company (PIC), que injetaria US$ 9 bilhões na Dow para financiar parcialmente o negócio. Foi a primeira joint venture entre essas duas empresas, e o plano de Liveris para adquirir a Rohm and Haas dependia de seu sucesso.

Liveris teve estômago para fazer a aposta estratégica, que se baseou precariamente no acordo com a PIC. Sua comunicação frequente com a diretoria e com os investidores institucionais os aproximou. Ele abriu caminho elaborando um plano meticuloso e reuniões frequentes com a diretoria para discutir o financiamento, o que alienar e se o momento era certo. Wall Street não gostou do negócio quando ele foi anunciado, em julho de 2008. Os analistas acharam a mudança de direção muito repentina, a aquisição muito cara, e o resultado incerto demais, mesmo com o sólido balanço da Dow e a posição de líder do setor em vendas. Mas Liveris e a diretoria não desistiram, porque sabiam o que aconteceria com a Dow se a empresa não arriscasse. Eles apostaram que seria apenas uma questão de tempo antes que os analistas e as agências de classificação os acompanhassem. Eles tiveram confiança e força para perseverar, mesmo quando a crise financeira global eclodiu naquele outono.

COMO TER SUCESSO NA RUPTURA GLOBAL

Em seguida, em 31 de dezembro de 2008, dois dias antes da joint venture com a PIC ser fechada, os riscos elevados da aposta estratégica da Dow se tornaram viscerais: o governo do Kuwait saiu do negócio de repente, colocando em perigo o plano de Liveris. A maioria dos observadores esperava que a Dow Chemical recuasse, mas isso teria colocado a empresa em uma situação legal difícil. O contrato com a Rohm and Haas era incontestável e seus líderes não recuariam um milímetro. Na esteira da crise financeira, encontrar um substituto para o investimento prometido da PIC não seria fácil. Mesmo em tempos normais, muitas vezes os investidores têm medo de comprometer dinheiro em uma aposta estratégica, mas naquele momento, como os mercados de capitais estavam lidando com a pior crise econômica dos últimos 65 anos, e o sistema financeiro mundial estava balançando, o medo deles foi agravado. Os mercados de dívida e as firmas de investimento ficaram paralisados, e o mercado de ações estava em queda livre. O próprio capital da Dow, que era de 30 dólares por ação quando o negócio foi anunciado, caiu para sete dólares em março de 2009. A Dow enfrentou a perspectiva de ter a dívida rebaixada pela Standard & Poors e pela Moody para a classificação de alto risco.

Chocado com o recuo da PIC, Liveris, no entanto, manteve a diretoria comprometida com o negócio, encontrou novas fontes de financiamento e convenceu os mercados de capitais que a estratégia da empresa tinha encontrado apenas uma pedra no caminho, não uma parede de tijolos. No final, ele foi bem-sucedido. Ele manteve a diretoria, convenceu as agências a manter a classificação de grau de investimento da empresa e obteve financiamento de Warren Buffett e de dois membros da família Rohm and Haas. E o negócio era de fato transformador: ele criou uma empresa Dow-Rohm and Haas, combinada para ter um melhor desempenho do que qualquer empresa poderia esperar sozinha, e colocou-a no caminho do crescimento, em vez de uma trajetória descendente. Hoje, os produtos químicos especializados correspondem a cerca de dois terços da receita da Dow, em comparação aos 50% antes da fusão, e Liveris diz que tem o objetivo de levar o mix a representar 80% dos rendimentos.

UM NOVO OLHAR PARA O FUTURO

Se Liveris não tivesse pensado de fora para dentro e a partir do futuro, se não tivesse tido coragem de reconhecer que o controle do petróleo bruto por governos estrangeiros favoreceria os concorrentes da Dow, ele não teria visto a necessidade de fazer um movimento repentino, especialmente no momento em que o fez. Ele posicionou a empresa para o novo jogo que estava apenas começando a tomar forma, e não para o velho jogo que a Dow já tinha jogado. E embora o movimento da Dow tenha levado outros jogadores da indústria a repensar seu posicionamento e sua vantagem competitiva, ela estava à frente o bastante para não ter de abrir caminho por meio de uma guerra de lances.

O lucro ficou menos volátil desde então: a Dow foi capaz de aumentar os preços em 5% em 2011, o que mais do que compensa os aumentos nos custos de matéria-prima e energia. O preço de suas ações — prestem atenção, obcecados pelo curto prazo — mais do que se recuperou em relação à queda para US$ 5,75, em 2009, para ficar em US$ 33 em abril de 2012. Em sua análise da empresa em fevereiro de 2012, o analista financeiro da Standard & Poor, Leo J. Larkin, escreveu: "Acreditamos que os resultados a longo prazo para a Dow vão beneficiar a estratégia da empresa de transferir a carteira de negócios para produtos menos cíclicos e plásticos, bem como a expansão para os produtos agrícolas. Na sequência da sua fusão com a Rohm and Haas, em 2009, a empresa vem reduzindo gradualmente a alavancagem dos lucros. Acreditamos que isso ajudará a posicionar a empresa para crescer por meio de investimentos internos e em joint ventures".

Há duas razões básicas para cada líder estar preparado para fazer uma aposta estratégica nos próximos anos, talvez até mais de uma vez em uma década.

Primeiro, marque o seu território. As empresas o fazem para ganhar uma vantagem futura — criando um novo negócio ou nova competência, por exemplo, ou ganhando controle sobre uma entrada que será fundamental para o sucesso. Os mercados, competências e recursos já são intensamente disputados. Por exemplo, alguns líderes fazem uma aposta estratégica para garantir uma matéria-prima necessária a fim

COMO TER SUCESSO NA RUPTURA GLOBAL

de assegurar que eles possam buscar os segmentos de mercado visados. É por isso que a Toyota, em janeiro de 2010, adquiriu grande parte de uma mina de lítio e uma unidade de produção na Argentina. O objetivo era garantir o acesso ao elemento raro usado nas baterias de íon de lítio, tecnologia-chave em carros híbridos. No início de 2000, a Verizon, sob a liderança do CEO Ivan Seidenberg, fez uma aposta de US$ 22 bilhões quando a empresa investiu em redes de fibra ótica, contrariando o conselho de quase todos, inclusive dos acionistas. Mas essa decisão corajosa valeu muito a pena.

Segundo, livre-se de ativos obsoletos e siga em frente. Quando o modelo de negócio ou um grande ativo fica obsoleto, seu valor de mercado cai sensivelmente. O negócio ainda pode gerar dinheiro, mas se a indústria estiver se movendo em direção à comoditização, por exemplo, o poder de determinar os preços começa a se perder. Por fim, quando as finanças sofrem, e os investidores tomam conhecimento disso, o valor de mercado da empresa cai. É uma aposta estratégica sair à frente desse declínio e deslocar os recursos e a energia para algo mais promissor. Um de seus trabalhos como um líder é avaliar de modo pragmático e com firmeza o valor de seus ativos e a robustez do seu modelo de negócio a longo prazo, e se mover antes que o valor dele se deteriore.

Em 1996, o CEO da Allied Signal, Larry Bossidy, fez exatamente esse tipo de movimento. Ele transformou a empresa depois de assumi-la, em 1991, prestando muita atenção ao desempenho do negócio e ao desenvolvimento da liderança. Ele estava particularmente orgulhoso por elevar a rentabilidade do negócio de autopeças, que é responsável por 15% das vendas. Mas, julgando que as montadoras estariam enfrentando um declínio significativo na receita nos próximos anos, ele vendeu a maior parte a fim de se concentrar em dois setores mais atraentes: produtos químicos e indústria aeroespacial. Três anos mais tarde, a Allied Signal estava bem posicionada para sua fusão com a Honeywell.

Nenhuma estratégia tem vida infinita. Você deve estar rigorosamente atento para antecipar os sinais de que as condições podem mudar. Quando o valor — não apenas os lucros — começará a declinar? O que

UM NOVO OLHAR PARA O FUTURO

vai causar ou acelerar esse declínio — moeda, concorrência, tecnologia, consolidação, estilo de vida dos clientes em constante mudança? Lembre-se de que a mudança pode ser sua amiga e colocá-lo na ofensiva.

A Thomson Corporation, agora Thomson Reuters, era uma rentável editora de jornais regionais e revistas profissionais no Canadá e nos Estados Unidos, no final da década de 1990. Mas o CEO, Dick Harrington, via nuvens se acumulando além do horizonte da indústria. Grandes varejistas nacionais, como a Gap e a Target, estavam lançando campanhas nacionais de mídia e pressionando as lojas de departamentos regionais, que tiveram de cortar custos com publicidade. Enquanto as grandes redes anunciavam em jornais, as lojas regionais usavam circulares, menos lucrativas que os anúncios tradicionais que as lojas de departamento vinham publicando nos jornais da Thomson. Ao mesmo tempo, a internet foi ficando popular, e Harrington a reconheceu como uma ameaça para os anúncios classificados, que respondiam por metade do faturamento da Thomson.

Se tivesse usado o conceito de competência central, Harrington teria lutado para proteger os jornais, aprimorando o modelo de negócio, como muitos editores têm feito desde então. Em vez disso, antevendo que as tendências atuais eram irreversíveis e que acabariam por tornar impossível a criação de valor, ele fez uma aposta estratégica, saindo do negócio de jornais e expandindo os serviços de informação da Thomson. Ele viu que a editoração profissional era uma área em crescimento e, tendo as publicações especializadas e profissionais da Thomson como base, começou a construir um negócio em torno do fornecimento eletrônico de informação especializada: áreas jurídica e legislativa, serviços financeiros, pesquisa científica, além de publicações relacionadas à saúde e à educação. Nos anos seguintes, a empresa gastou cerca de US$ 7 bilhões para adquirir mais de 200 empresas cuja adequação estratégica e viabilidade financeira haviam sido estudadas meticulosamente. Em outras palavras, a Thomson se livrou do negócio que melhor conhecia, exatamente no momento em estava no topo, para aumentar suas chances de sucesso no futuro. Na época, a empresa tinha um valor de mercado de aproximadamente US$ 8 bilhões. Hoje, a Thomson Reuters vale cerca de US$ 23 bilhões.

Enfatizo que fazer uma aposta estratégica não é sinônimo de atividade de fusão e aquisição, apesar de ser um veículo para uma aposta estratégica. Muitas empresas vendem uma divisão porque querem ou precisam de dinheiro vivo ou porque é mais valioso para o comprador, porém, a menos que altere o destino da empresa, não será uma aposta estratégica.

Para aqueles que pensam que as apostas estratégicas são muito arriscadas, considere o risco de *não* fazer uma: isso pode marginalizar o negócio, ou seja, seu valor vai diminuir e seu destino pode cair nas mãos de um comprador hostil, de um concorrente ou do governo.

Mesmo as empresas que veem o crescimento como facilmente acessível precisam olhar para o negócio de fora para dentro e a partir do futuro. As empresas do Sul, por exemplo, têm grandes oportunidades em seu próprio quintal e vantagens claras sobre as estrangeiras, que muitas vezes têm dificuldade para entender as condições locais. No entanto, elas também precisam olhar para além de seus arredores imediatos e, então, mover-se pelo menos tão rapidamente quanto a velocidade do jogo. Se elas não tiverem alguns elementos essenciais hoje — competências importantes, presença no mercado ou acesso a recursos —, outras empresas podem muito bem expandir-se antes delas e superá-las em seus mercados domésticos.

COMBATER O CURTO PRAZO

O maior dever de um líder empresarial deve ser a construção de valor econômico de longo prazo. Contudo, as empresas de capital aberto do Norte enfrentam um enigma: como você pensa dez ou 20 anos à frente enquanto Wall Street pensa a curto prazo? O Retorno Total ao Acionista (RTA) é uma medida fundamental para as empresas negociadas na Bolsa de Valores de Nova York. O RTA, no entanto, apresenta um problema: nem sempre ele reflete o verdadeiro retorno econômico de uma empresa, já que também é uma função das apostas feitas por jogadores nos mercados de capital. Isso significa que a remuneração dos executi-

UM NOVO OLHAR PARA O FUTURO

vos atrelada ao RTA não reflete necessariamente o desempenho real dos líderes na *operação* do negócio. Mas essa métrica criou uma espécie de tirania na tomada de decisões que inclina muito o equilíbrio entre curto e longo prazos em direção aos quatro trimestres seguintes. Favorecer o curto prazo pode prejudicar, de forma permanente, uma empresa e todo o ecossistema dela no longo prazo. É preciso muita habilidade e coragem para resistir à pressão quando os donos do capital são representados ruidosamente por intermediários, como os administradores de fundos, cujos ganhos estão na entrega de lucros a curto prazo. (Isso é ainda o aspecto mais disfuncional do sistema financeiro mundial: o autointeresse da indústria de serviços financeiros pode trabalhar contra a prosperidade futura da empresa, contra seus verdadeiros donos e contra a nação.)

As realidades práticas do investimento institucional também reforçam o foco no curto prazo: muitos intermediários que têm grandes fundos de investimento carecem tanto de recursos humanos quanto de tempo para avaliar os fundamentos de cada empresa de capital aberto. Eles confiam na classificação de terceiros, como os Institutional Shareholder Services, que classificam a governança de uma empresa com base, em parte, no fato de a diretoria utilizar ou não o RTA como métrica para a remuneração do CEO.

Com até 80% da sua remuneração anual em jogo, os líderes empresariais protegem com cuidado as margens, mesmo que isso signifique perder mercados seguros por um crescimento mais rápido. Enquanto isso, os concorrentes investem justamente nesses mercados, que agora estão abertos, mas que poderão ser difíceis de entrar mais tarde. Muitas empresas do Sul, especialmente aquelas apoiadas por seus governos, procuram ampliar sua participação de mercado e sua escala; para isso, elas aceitariam de bom grado menores preços, menores margens absolutas e, em muitos casos, menores margens percentuais. Elas imaginam que, o quer que não esteja forte agora — quer se trate de vendas, margens de lucro, cadeia de abastecimento, ou qualidade do produto —, vai melhorar gradualmente. Pense no setor de telecomunicações na África, onde a Bharti Airtel está preparada para suportar a falta de lucro de curto prazo à medida que constrói a base de clientes e aumenta o uso por cliente. O sucesso não lhe permitirá construir uma base em outra região e liderar no jogo de xadrez da participação no mercado global. Será que a AT&T, a Sprint, a Verizon e as empresas de telecomunicações na Europa vão despertar para uma triste realidade, quando a Bharti tiver acumulado clientes em vários continentes e estiver explorando sua próxima fronteira? (A britânica Vodafone, acordada e olhando de fora para dentro, competiu com a Bharti na Índia por anos e está competindo com ela na África.)

Você tem de aceitar que o contexto é diferente em outras partes do mundo. Para produtos globais como a Apple, é preciso lutar para aumentar o reconhecimento da marca e ampliar a participação global com base em margens e preços baixos por causa do baixo poder aquisitivo. E você deve fazê-lo sem canibalizar o negócio nas regiões de preço alto. Em outros casos, o poder de compra menor exige uma experiência totalmente diferente para o cliente. Pensando de fora para dentro, você pode ver a necessidade de reformular o produto, o modelo de negócio ou toda a cadeia de valores. Embora talvez seja necessário aceitar margens menores em mercados críticos, você pode controlar outras variáveis que afetam o retorno sobre o capital investido. É possível, por exemplo, ampliar a escala mais rapidamente ou aumentar o giro dos ativos e, assim, aumentar a taxa de crescimento. Lembre-se, também, de que você pode acabar cortando as margens e fazendo esses movimentos em algum momento mais tarde, quando sua falta de ação tiver colocado você na defensiva.

O RTA também pode forçar as empresas a desistir de aquisições que reforçariam sua posição competitiva. A consolidação e a redução de custos são consideradas justificativas legítimas para as fusões e as aquisições no Norte, mas ganhar em um jogo mais amplo e de longo prazo não é, contudo, a retórica expansiva de muitos anúncios de fusões. As empresas evitam negócios que são estrategicamente incertos e que não prometem impulsionar os ganhos em pouco tempo. Mas essas metas podem ser absolutamente necessárias a longo prazo.

UM NOVO OLHAR PARA O FUTURO

Pode parecer impossível competir com empresas com horizontes de 20 anos. Mas não é sábio, além de completamente irresponsável, que os líderes comprometam o futuro da empresa. Em vez de se render à visão de curto prazo, eles precisam tomar uma posição e aguçar seu pensamento sobre as demandas de Wall Street.

Comunique claramente a lógica do seu balanço entre curto e longo prazo e sua direção: para os investidores, se você for um CEO; para seus superiores hierárquicos, se você for um gerente de nível médio. Se você estiver, de fato, construindo uma empresa que trará resultados no longo prazo, diga isso explicitamente e com frequência. O mais importante para os gestores é ganhar credibilidade em seus esforços para equilibrar curto e longo prazos ao longo da execução. Wall Street atinge mais duramente as empresas quando elas falham em entregar o que prometeram, especialmente se as razões para tal lapso estiverem sob controle da administração. Mas se você administrar bem e entregar consistentemente (e não emprestando do ano seguinte), os investidores tendem a manter as ações por um prazo maior. Os CEOs e seus diretores financeiros podem cultivar uma base de acionistas que pensa dessa forma. Às vezes, uma indústria está desvalorizada ou as ações, com valores excessivamente baixos, abrindo uma lacuna entre seu preço de mercado e seu valor intrínseco e tornando a empresa um alvo de aquisição atraente. Mesmo nessas situações incomuns, os líderes devem seguir em frente e desenvolver credibilidade por meio de uma administração disciplinada, com base em metas realistas.

O investimento no futuro é incluído nos orçamentos da IBM, Johnson & Johnson, Amazon e muitas outras empresas de capital aberto. O mercado apoia suas versões de equilíbrio entre curto e longo prazos. Da mesma forma, penaliza empresas que investem pouco no futuro. A HP, por exemplo, está sob pressão por ter investido pouco em P&D nos últimos anos. A CEO, Meg Whitman, está aumentando o gasto com P&D e reconhece, com franqueza, que será uma longa caminhada para recuperar o valor de mercado da HP. Em setembro de 2012, a Procter & Gamble foi criticada pela falta de inovação em seus produtos, talvez como resultado de ter colocado os gerentes de divisão no comando da inovação e ainda mantê-los responsáveis pelos resultados operacionais de curto prazo.

Outros ainda podem não estar convencidos, mas você precisa ter convicção, comunicar-se e estabelecer algumas balizas para medir seu progresso. O RTA impõe um tipo de disciplina. Mas os líderes precisam usar seu próprio julgamento. Saiba onde a empresa precisa estar, o que deve ser feito para chegar lá e entregue a mensagem e os resultados com disciplina.

MUDE SUA PSICOLOGIA

O pensamento de fora para dentro e a partir do futuro é uma forma de quebrar as barreiras mentais, mas outros tipos de bloqueio psicológico podem impedi-lo de ver um caminho claro à frente. Cada um de nós tem uma lente, ou quadro de referência, profundamente gravado em nós pela experiência e pelo estudo, através das quais vemos o mundo. Cada um de nós tem diretrizes subconscientes que governam nosso comportamento e nossa tomada de decisão. Fazemos suposições que podem não ser contestadas. O sucesso as reforça e as grava ainda mais profundamente. Os líderes que elevaram a posição da empresa nos rankings melhorando as margens com corte de custos ou preços premium, por exemplo, tendem a procurar essa mesma habilidade em pessoas que eles contratam e promovem porque, para eles, é disso que o sucesso da liderança é feito. Eles próprios foram recompensados por esse tipo de pensamento ao longo de suas carreiras.

Você não pode deixar um quadro de referência ultrapassado impedi-lo de ver a realidade. É fácil para os líderes do Norte serem complacentes se acreditam que o Sul levará um longo tempo para se recuperar. Isso é uma ilusão. Algumas empresas do Sul já têm rendimentos altos o suficiente para estar na *Fortune 500*. Na maioria das indústrias,

UM NOVO OLHAR PARA O FUTURO

não levará mais que cinco ou dez anos para que mais produtos e serviços das empresas do Sul sejam bons o suficiente para desafiar até as empresas mais fortes do Norte — e em sua própria casa. A China está pronta para ganhar em automóveis e aeronaves e tem o olhar voltado para produtos farmacêuticos. O Brasil é forte em jatos regionais. A Índia é líder em automação de back office e em gerenciamento de processos e continuará a se mover para produtos e serviços de maior valor, como análise de dados, em parte por meio de empresas como Accenture, IBM e Microsoft, que se instalaram lá.

A Índia tem força para vencer em alguns segmentos de produtos farmacêuticos em cinco ou dez anos e já é competitiva nos genéricos. Como o número de patentes registradas por grandes empresas farmacêuticas caiu, algumas já adquiriram empresas indianas pela sua capacidade de produção e presença no mercado.

Lembre-se: não estamos falando aqui sobre arbitragem de mão de obra e moeda, mas sobre o número crescente de empresas que competem com o Norte e superam-no em destreza gerencial e sofisticação tecnológica. Elas têm líderes empresariais altamente treinados, que utilizam especialistas de fora para ajudá-los a desenvolver competências e processos fundamentais do negócio. A Huawei Technologies, por exemplo, fabricante chinesa de equipamentos de telecomunicações que superou a Alcatel-Lucent e a Nokia Siemens para se tornar a segunda maior do mundo, contratou vários executivos experientes do Norte — incluindo um sueco para gerir sua unidade de marketing de equipamentos sem fio e um alemão para comandar o design de aparelhos telefônicos —, além de manter consultores da IBM e da KPMG. Em 2010, a *Fast Company* classificou a Huawei como a quinta empresa mais inovadora do mundo.

A habilidade de liderança por trás das empresas no Sul é uma força a ser reconhecida. Aqueles do Norte que nunca passaram um tempo no Sul e obtêm suas informações em segunda mão podem subestimar facilmente os jogadores e avaliar mal onde será o campo de batalha. As informações passadas podem não capturar a motivação empresarial e a rápida tomada de decisão, comuns no Sul, ou a energia psicológica e emocional dos líderes de lá. Dados incompletos deixam escapar o pragmatismo de alguns líderes em aceitar novas parcerias a fim de reforçar as competências que eles próprios não têm.

Os melhores líderes do Sul não são apenas tão exigentes e talentosos quanto os melhores do Norte: sua psicologia é diferente em aspectos cruciais. Por causa das circunstâncias sob as quais eles viveram, estudaram e construíram suas carreiras, a escassez de recursos para si mesmos e seus clientes é vista como inevitável. À medida que construía seu negócio de metais de US$ 16 bilhões sob a égide da Birla, Debu Bhattacharya, diretor da Hindalco, teve de se concentrar nos fundamentos ao lidar com os caprichos do governo e os recursos limitados. Agora, na casa dos 60 anos, ele continua a trabalhar sete dias por semana supervisionando gestão, aquisições, operações e inovação. Engenheiro de formação e ex-gerente de fábrica, ele entende os aspectos básicos do negócio. No entanto, ele também vê o quadro geral e tem um tino que o faz abordar os problemas de maneira incisiva. O risco é um fato para muitos desses líderes. E assim também o são as idiossincrasias das ações legislativas e regulatórias, que eles aprenderam a tolerar. Como Bhattacharya, muitos líderes empresariais vieram de faculdades de engenharia e são hábeis com números e detalhes operacionais. Os melhores também são grandes avaliadores de pessoas, o que significa que são bons em encontrar talentos para levá-los aonde querem ir e em demitir rapidamente se a pessoa não der certo.

Quando uma das grandes empresas industriais da Índia se aventurou em um projeto de construção de estradas, o CEO foi claro sobre o que a primeira fase exigiria: a capacidade de reunir quatro diferentes governos provinciais, o governo federal e de três a quatro investidores — não era uma tarefa insignificante na Índia. Ele escolheu uma pessoa que mostrou ter o temperamento e a experiência para integrar todos esses agentes. A administração não era o ponto forte dessa pessoa,

UM NOVO OLHAR PARA O FUTURO

nem tinha de ser, pelo menos nos seis primeiros meses. Depois disso, o CEO transferiria essa pessoa para outra missão em que ela brilharia, substituindo-a por alguém especializado em administração. A definição nítida do trabalho e talento da pessoa era o que importava e o que fazia a diferença para a empresa.

Os líderes do Norte podem não ter certeza sobre como se expandir no Sul. É possível que eles não saibam como gerenciar pessoas em culturas muito diferentes ou tenham medo de comprometer recursos em áreas que conhecem pouco e cujos ambientes políticos e reguladores sejam tão imprevisíveis. Talvez simplesmente não tenham estômago para lidar com governos estrangeiros e com as condições locais. Eles podem recuar em vista das denúncias de corrupção na Índia, China e África e justificar sua hesitação com base nisso.

Os bloqueios podem levá-los a perder o outro lado da equação: a aprendizagem que está faltando por não estar no Sul, de frente para os conflitos, construindo redes de informação e de clientes. Adiando a aprendizagem, eles dão vantagem aos concorrentes. Tanto GE quanto a 3M e a cadeia KFC, da Yum! Brands colocam pessoas para aprender a cultura local e o ambiente de negócios. Viver no local é diferente de ler sobre um país ou voar para visitas de três dias. Como CEO da Nalco, empresa de serviços e tratamento de água com base em Illinois (EUA), Erik Fyrwald durante muitos anos viajava para a Índia, onde dedicava semanas a aprender as nuances do país. É o que lhe deu confiança para expandir seu negócio com sucesso por lá.

Até mesmo as indústrias que o governo chinês visa, como a de energia eólica, dão chance aos concorrentes que têm capacidade de gestão e vontade de competir, porque há muito espaço para competição. As indústrias que não estão no radar do governo deixam ainda mais ambiente de manobra. A KFC tem margens mais altas na China que nos Estados Unidos. Empresas como a John Deere e a Caterpillar estão na China há décadas e florescendo por lá. Fabricantes de bens de luxo dos Estados Unidos, Reino Unido e Europa estão abrindo lojas em muitos centros urbanos e atraindo os novos ricos do Sul.

COMO TER SUCESSO NA RUPTURA GLOBAL

Agora, o horizonte é claro e suas escolhas são irresistíveis. É como alçar voo quando você está dirigindo um carro. De repente, você tem três dimensões para navegar em vez de apenas duas, e as opções parecem infinitas. Em qual direção você vai voar? Há muitas respostas corretas. Defina opções mutuamente excludentes para o futuro da sua empresa sem as limitações das competências existentes ou centrais do seu negócio. É isso que significa olhar de fora para dentro e a partir do futuro.

Escolha uma ideia central que você pretende buscar ou uma direção na qual deseje se mover, em seguida, planeje os detalhes e as especificidades para desenvolver uma estratégia completa, que seja exclusiva para sua empresa. Saiba quais competências você precisa desenvolver, quais riscos está assumindo e como vai gerenciá-los. Lembre-se: são fundamentalmente os líderes, não as empresas, que competem. Você vai precisar de um pensamento claro e de vontade de arriscar o pescoço para encontrar o caminho e o ritmo certos. A clareza de pensamento e o esforço necessário para alcançar sua ambição valem mil pontos de QI. Então, a regra universal de negócio aplica-se: você tem de executar. Sem execução, não há resultado.

Execução, aqui, significa a mobilização de sua organização para a realidade da ruptura global. Trata-se de equipar as pessoas para a transição: mudar suas mentalidades, levando-as a se alinhar com o novo estado em que você quer estar e entender as ferramentas sociais necessárias para isso.

Nos próximos dois capítulos, detalharei as competências de liderança e as mudanças organizacionais necessárias. Começarei com uma que tem um nome complicado: multicontextual. Parece um jargão? Quando você entender o significado por trás dela, verá que ela é muito real — e um grande negócio.

CAPÍTULO CINCO

DOMINANDO MÚLTIPLOS CONTEXTOS

LIDERANÇA NO MUNDO EM TRANSFORMAÇÃO

Algumas coisas sobre liderança nunca mudam. Os líderes decidem o que uma organização faz e o que ela não faz. Eles descobrem maneiras de criar valor e identificam novas oportunidades. Eles encontram novas formas de gestão. Eles selecionam e formam líderes que construirão o futuro, e assim por diante. O deslocamento do poder econômico para o Sul elevou o nível da liderança, incorporando a ela algo novo e diferente. Agora, você terá de ser "multicontextual", uma palavra que só recentemente saiu da academia e ganhou popularidade. Refiro-me, aqui, aos contextos estratégicos e culturais que estruturam as atividades do negócio em diferentes regiões e países. Esses contextos incluem todas as variáveis únicas de cada país: tudo, desde a maneira como o governo opera e quem é quem nas redes sociais informais, até como o sistema de distribuição funciona e o que dá uma vantagem aos concorrentes locais. Aprender a língua local, ser simpático e respeitar os costumes locais apenas toca na superfície do que você deve fazer. Você precisa dominar múltiplos contextos locais com rapidez e precisão, separando os fatores-chave e novas regras práticas para cada lugar.

Seus *insights* sobre o contexto local são dados essenciais para fazer avaliações em questões de negócio. Selecionar e encarregar pessoas, decidir em quais mercados entrar, em que sequência e em que ritmo, bem como definir a alocação de recursos, essas e outras decisões cruciais baseiam-se na descrição precisa dos fatores mais importantes em cada geografia. Se você não for multicontextual, é provável que não perceba as necessidades locais e perca oportunidades específicas — e os acordos que você fizer ou rejeitar vão estar mal fundamentados.

A ausência de uma liderança multicontextual é um problema comum nas empresas do Norte. Quase todas as empresas são organizadas em torno de funções (como finanças ou recursos humanos), da matriz e de geografias. Algumas também têm hierarquias de comando delineadas para unidades ou linhas de produtos do negócio. A tensão surge entre essas estruturas organizacionais quando cada uma tenta influenciar as prioridades e a alocação de recursos globais. Fazer acordos entre a matriz, as unidades de negócio, as linhas de produtos e as funções do negócio é um terreno familiar que os líderes geralmente atravessam bem. Mas, as informações provenientes das unidades geográficas frequentemente estão sujeitas a uma filtragem que as contextualize. A menos que o líder seja multicontextual, as percepções, e até mesmo os fatos, ficarão distorcidos. Não ajuda muito o fato de as regiões menores frequentemente se reportarem por meio de líderes regionais, uma vez que eles raramente são multicontextuais de fato.

Exercer uma liderança global significa discernir os fundamentos em cada contexto e trazê-los para o contexto mais amplo da empresa como um todo e, em seguida, mobilizar as pessoas para realizar os objetivos do negócio. Quase todos os países têm um vocabulário local para nomear os conceitos utilizados para avaliar e administrar uma empresa — coisas como dinheiro, margens, capital investido e dívida. Na Índia, por exemplo, até diretores de grandes indústrias tendem a falar em urdu, o idioma utilizado por camelôs. Dinheiro é *nakad*, capital é *zama*, dívida é *kurtz* e lucro é *nafa*. (As inflexões também, muitas vezes, são as dos camelôs: se o *nafa* está abaixo do desejado, o tom pode

DOMINANDO MÚLTIPLOS CONTEXTOS

ser ligeiramente indiferente e acompanhado de um movimento de abrir a mão.) Mas qualquer que seja o idioma, os vocábulos encerram conceitos subjacentes que são universais.

Os líderes globais, os que são bem-sucedidos no Sul, bem como no Norte, são rápidos e eficientes em compreender o contexto local. Eles têm interesse em detectar o que é diferente daquilo que já conheciam ou haviam visto antes, e não permitem que suas lentes perceptivas filtrem as diferenças que conflitam com suas regras de ouro. Ao contrário, eles as capturam quando subconscientemente tendem a harmonizá-las com suas suposições de sempre. Tais líderes se conectam a uma gama de pessoas de contextos culturais, sociais e governamentais muito diferentes; eles aprendem a trabalhar no ambiente menos estruturado e menos previsível do Sul, onde os governos podem alterar as políticas da noite para o dia, ou concorrentes com vínculos estreitos com clientes, fornecedores e reguladores podem sabotar os planos; eles são humildes e refreiam seus egos; eles ganham a confiança da matriz, fornecendo informações frequentes sobre o contexto local e assumindo compromissos, e energizam suas equipes e organizações.

É assim que um líder como Manoj Kohli, da Bharti Airtel (ver página 116) consegue gerenciar unidades estabelecidas em 17 países diferentes, apesar das características sociais, econômicas e governamentais únicas de cada um deles. Quando Kohli liderou as operações da Índia, a Bharti Airtel foi bem-sucedida em usar a regra prática de que se você reduzir consideravelmente o preço do serviço de telecomunicações, criará uma demanda enorme — mais uso por cliente e um número enorme de novos clientes — e, portanto, as receitas totais aumentarão. Ele foi bem-sucedido em relação aos concorrentes, que em sua maioria conseguiu mais receitas praticando preços mais elevados, extraídas de uma base menor de clientes. Quando Kohli seguiu para cada um dos 17 países africanos e interagiu com o contexto local, viu que a antiga regra prática — aumentar as receitas oferecendo novos serviços e reduzindo os preços para expandir a base de clientes — não se aplicava a alguns deles. Dados estatísticos sobre a população tornavam mais difícil aumentar o uso dos usuários e absorver um grande número de novos clientes. A empresa não poderia apenas usar cegamente a antiga abordagem. Tinha de inventar uma nova forma de construir o negócio na África.

Kohli também reconheceu a importância de trabalhar com uma série de estruturas regulatórias não familiares, instituições financeiras e de infraestrutura locais, e canais de distribuição. As ações e as prioridades — o ritmo, o calendário de alterações de preços e a introdução de novos serviços, por exemplo — foram adaptadas à situação e às necessidades de cada contexto. A empresa conseguiu recrutar quase toda sua liderança de alto nível localmente e convenceu seus parceiros na Índia a se aventurar em território desconhecido, reunindo-os na África.

OS FUNDAMENTOS

Ao focar e praticar determinadas ações, cada uma das quais analisarei em mais detalhes, ainda neste capítulo, você melhorará rapidamente sua capacidade de exercer uma liderança global. Eis a lista a que nos referimos:
- Dominar rapidamente o contexto local.
- Criar uma visão tangível.
- Desafiar seu modo de ver as coisas.
- Construir sua equipe.
- Mobilizar sua organização social.

Obviamente, as habituais longas listas de características genéricas da liderança entram em cena aqui. Tudo é importante, mas a *integridade* é crucial. Eu uso a palavra integridade de uma maneira que vai além da ética e da moralidade e incluo: a entrega do que você se compromete a fazer, a objetividade e a habilidade ao se comunicar com as pessoas com as quais se relaciona para que você não faça promessas que não pode cumprir. Por trás dos bastidores existem relações sociais que você talvez nunca venha a conhecer, onde as pessoas verificarão suas declarações ou descobrirão contradições. Elas vão querer saber se você está

DOMINANDO MÚLTIPLOS CONTEXTOS

dizendo a verdade ou falando uma coisa para uma pessoa e uma coisa diferente para outra. Verão se você está fazendo o que disse que faria e se está evitando conflitos com a matriz, em vez de enfrentá-la. Repetição e consistência constroem confiança, e é disso que você precisa para descobrir o que realmente está acontecendo. Assim, manter-se íntegro é um ponto primordial para seu sucesso.

Vou começar a viagem mostrando essas "habilidades sociais" em ação. Observe como determinados líderes, em três posições diferentes, demonstram-nas quando se movem do Norte para o Sul: um gerente que recebe uma oportunidade mais ampla no Sul, um líder na matriz gerenciando uma linha de negócios de base mundial e o CEO de uma empresa.

DESAFIOS ESSENCIAIS PARA UM LÍDER QUE SE MOVE DO NORTE PARA O SUL

Como um líder em ascensão trabalhando no mercado doméstico de seu negócio, você foi bem-sucedido porque desenvolveu uma maneira de encontrar o equilíbrio certo, o foco certo e as prioridades certas. Apresentou resultados enquanto crescia, habituando-se a prestar contas sem dispor, sob seu comando, de poder total ou dos recursos necessários. Você não só teve sucesso, mas ajudou os outros a obtê-lo também, sobretudo aprendendo a trabalhar de modo multifuncional — levando pessoas a colaborar com você, às vezes, trocando recursos; outras vezes, sem retorno. Está confortável nessa empresa e nessa indústria, mesmo que o crescimento só tenha sido na faixa de 2% a 3%. Mas você está à procura de um desafio e oportunidade de crescimento pessoal, e um dia surge uma possibilidade: seu chefe chama-o para dizer que ele gostaria que você administrasse a unidade da empresa na Índia, o mercado geográfico de crescimento mais rápido da empresa. Isso significa mudar-se para Nova Délhi por até quatro anos.

É uma grande oportunidade, mas também cheia de complicações. Há aspectos que podem afetar sua carreira, especialmente a síndrome "longe,

COMO TER SUCESSO NA RUPTURA GLOBAL

dos olhos, longe do coração": Você será esquecido por pessoas-chave se ficar a 12 mil quilômetros da matriz? Você se lembra da festa de despedida, há vários anos, da grande amiga Elizabeth, que assumiu uma posição na sua empresa, como gerente de desenvolvimento de produto em Pune, na Índia. Na festa, e antes, brincaram que ela estava louca indo para lá. Pessoas lembraram que os Estados Unidos ainda eram o maior mercado, onde as novas ideias se iniciavam e a inovação tecnológica estava sendo desenvolvida, e onde residem os maiores talentos tecnológicos. "Além disso, você nunca viveu fora de seu país", disseram seus colegas para Elizabeth, na época. "É difícil viver lá. Você ficaria muito melhor morando aqui."

Depois, há as questões pessoais. O que seu marido irá pensar? Ele é um sucesso em sua própria carreira como engenheiro mecânico. Mesmo que concorde em ir, ele conseguirá continuar sua carreira? E a educação de seus filhos?

Mas como você se orgulha de sempre ver os fatos, coloca de lado essas preocupações por um momento. Você vê um mundo que está se inclinando do Norte para o Sul — desde 2012, 46% dos lucros das 500 empresas listadas pela agência Standard & Poor vieram de fora dos Estados Unidos, um número que só aumentará no futuro. Além disso, olhando mais adiante, os Estados Unidos, o mercado dominante na atualidade, serão uma parte menor de um bolo maior e alguns cargos na chamada matriz terão mudado do Norte para o Sul. Na verdade, isso já aconteceu em empresas como a Procter & Gamble, que mudou a matriz de sua linha de negócios de cuidados pessoais de Cincinnati para Cingapura. Você se lembra da antiga fala do grande jogador de hóquei Wayne Gretzky: "Eu patino para onde o disco está indo, não para onde ele estava". A longo prazo, cada empresa vai para onde estão os mercados, para os lugares em que é possível criar valor para o acionista e onde ele pode encontrar os recursos necessários — talento humano, bem como os recursos naturais. Você suspeita que o momento de dar o salto é agora, antes que seja tarde demais.

A lógica e os fatos estão lá, e você viu o quão visionária foi Elizabeth. Seus colegas não viam o que estava por vir — um número

DOMINANDO MÚLTIPLOS CONTEXTOS

reduzido de posições de nível sênior como vice-presidente na base e promoções que iriam para aqueles que tinham uma experiência global significativa. Indo para um mercado onde o crescimento estava, Elizabeth desenvolveu-se e, assim, ficou mais bem posicionada para defrontar-se com futuras oportunidades — dentro de sua empresa e fora dela, se ela decidisse ir embora.

Você percebe que o contexto nacional desse novo trabalho em Nova Délhi será completamente diferente de seu trabalho liderando uma única linha de produtos baseada nos Estados Unidos. Embora agora você seja o líder global de uma linha de produtos de US$ 200 milhões, que faz parte de uma unidade comercial global de US$ 1 bilhão, seu trabalho é estreito em seu escopo de negócio, mas geograficamente amplo. Agora, você viajará para um país arriscado a fim de chefiar toda uma unidade de negócios lá. Você focalizará apenas um mercado geográfico, com vendas que são metade da receita de que você dispõe hoje — exatos US$ 100 milhões —, mas será responsável por todas as três linhas de produtos. Você terá de por em prática o *cerne* de seu trabalho de liderança — dissecar e reformular a receita de fazer dinheiro, decidir o que fazer e, então, fazer — sem depender de antigas regras práticas. O conteúdo do trabalho será diferente. A forma de competição é diferente, a alocação de recursos é diferente e o número de variáveis com as quais terá que lidar é diferente, talvez muito.

Você quer saber se tem o que é preciso para obter sucesso, então faz um inventário pessoal. Eu tenho a motivação e a iniciativa necessárias para buscar, ouvir e compreender ativamente o que é diferente do que eu sabia e tornou-me bem-sucedido? Posso fazer as mudanças que precisarei fazer? Tenho o temperamento exigido para lidar com vários governos pouco confiáveis e uma infraestrutura pobre?

Certamente, você já ouviu alguns de seus amigos falarem a respeito da experiência deles de mudar para outro país como estudantes ou voluntários. Eles acharam interessante e intelectualmente desafiador conhecer a comunidade e aprender a inspirar a confiança de pessoas que eram inteligentes e estavam ansiosas para trabalhar por uma vida melhor. Você sempre invejou o espírito de aventura deles. E agora, quando leva em consideração ter de dominar pontos positivos e negativos das pessoas, as fontes de informação, as estruturas de poder formais e informais, o modo como "as coisas são feitas por aqui" em um lugar novo e único, você pensa: *O que poderia ser mais emocionante?*

Você reconhece que terá de mudar muitas das regras práticas familiares, mas tudo bem. Você é daquelas pessoas que gostam de quebrar as barreiras mentais para aguçar sua capacidade de percepção. Você sempre tentou "ver além" para saber o que estava por vir, sem criar expectativas preconcebidas. Você está preparado para desenvolver novas formas de agir, pensar e tomar decisões.

Você percebe que pode perder o equilíbrio na primeira vez que tiver que lidar com diferenças culturais. Não será tão fácil conseguir o tipo de informação em que confia para tomar as decisões de gestão, como fazia no Norte. Você terá de apreender as normas sociais que afetam o compartilhamento de informações, tanto vertical como horizontalmente, em especial entre seus subordinados diretos e um nível abaixo. Conectar as pessoas será importante para inspirar confiança e entrar no fluxo de informações — algo que os executivos de Nova York, Munique ou Tóquio têm dificuldade de lidar.

A lealdade é uma virtude que ganha dimensões diferentes no Sul. As pessoas são leais a quem está no poder — às vezes, excessivamente — e vice-versa. A fidelidade à pessoa, em vez de à organização, é um fenômeno cultural de séculos. As promoções são muitas vezes dadas com base na antiguidade, na lealdade a uma pessoa de nível mais alto ou com relações sociais invisíveis. Como resultado, é difícil dizer se um subordinado está sendo sincero ou só quer agradar. Embora seja natural gravitar em torno daqueles que podem comunicar-se de forma rápida e clara, e que pensam como você, é necessário se proteger contra a tendência de acompanhar aqueles que parecem simpáticos porque falam sua língua. Você terá de avaliar se uma pessoa realmente concorda com o que está sendo apresentado ou está dizendo sim apenas por educação e pelo desejo de agradá-lo. Você terá de buscar pessoas com-

DOMINANDO MÚLTIPLOS CONTEXTOS

petentes que estejam dispostas a lhe dar informações reais e tenham a coragem de lhe contar fatos e verdades incômodas. Isso significará conectar-se às relações sociais locais e desenvolver confiança e credibilidade pessoal com elas.

Muitos CEOs, empresários e donos de indústrias locais têm um tino comercial profundamente enraizado. Muitos que não tiveram nenhum ensino acadêmico formal são profissionais brilhantes e desenvolveram seu tino comercial precoce por meio da experiência de trabalho em lojas de sua família, um traço comum na maioria dos países da Ásia. Eles podem não ter a ampla visão de mundo que você tem, mas são capazes de entender melhor o negócio. Eles normalmente compreendem todo o processo de como fazer dinheiro em um negócio — as relações entre variáveis como custo, faturamento, lucro e fluxo de caixa, por exemplo — melhor que os líderes formalmente treinados no Norte. Você gostaria de descobrir uma maneira de motivá-los e mantê-los. No entanto, alguns gestores locais têm formação universitária — e também são pensadores brilhantes e rápidos —, mas confiam em teorias básicas que aprenderam e pregam generalidades. Seria inteligente distinguir nestes últimos os que podem render.

O DILEMA DE UM LÍDER GERENCIANDO UMA LINHA DE NEGÓCIOS GLOBAL

Trabalhando fora da matriz da empresa, você tem responsabilidade considerável pelos resultados de uma unidade comercial global. A meta da empresa é atingir um maior crescimento nas receitas, margens e participação de mercado nos principais países do Sul. Ao mesmo tempo, os mercados maiores do Norte, mas de crescimento lento, continuam a produzir a maior parte dos lucros, resultando em uma tensão de alocação de recursos: Os investimentos de curto prazo no Sul — cujo retorno está distante — poderiam reduzir os ganhos totais no mundo como um todo.

Hábitos de longa data podem ter condicionado você a se inclinar para os mercados existentes, uma vez que a obsessão pelo curto prazo agora é norma na América corporativa. (E, muito possivelmente, a menos que o CEO tenha um raciocínio rápido e veja a necessidade de mudança, seus indicadores-chave de desempenho, KPIs, estarão voltados para esse resultado.) Mas, o futuro da empresa e o seu dependem de sua disposição para assumir riscos de longo prazo em locais estratégicos, que são altamente incertos e sujeitos aos caprichos dos governos locais.

Uma razão para aceitar esse cargo é a confiança do CEO de que você é inteligente o bastante para compreender os fatores do negócio no nível global, adaptando seu modo de ver as coisas e enxergando, assim, *o que* realmente importa e *no momento* em que importa fazê-lo. Você e o CEO percebem que o deslocamento do centro de gravidade do Norte para o Sul representa uma grande mudança na psique das pessoas no negócio. Então, você começa a pensar na diferença que há entre gerir um negócio internacional de maneira tradicional e uma gestão global.

Você terá de lidar com o sentimento arraigado — entre seus colegas e, possivelmente, em si próprio — de que "você esteve lá" e, portanto, sabe de tudo isso porque fez várias viagens para os principais países do Sul. Essas visitas curtas são superficiais, embora as pessoas na matriz mundial contem demais com elas. As pessoas do Norte têm todo o poder na aprovação das decisões sobre investimentos, processos e procedimentos em áreas críticas como preços e publicidade; elas ignoram as opiniões dos executivos que vivem no local.

Nos novos mercados do Sul, as pessoas com informações e conhecimentos locais são essenciais para a tomada de decisão. Você precisa motivá-las, precisa prestar atenção em seus julgamentos, precisa confiar nelas e inspirar a confiança delas em você, e precisa ser sensível à enorme diferença cultural que existe entre o país em que está situada a matriz e o contexto local desses países do Sul. Não é um desafio a ser subestimado. As pessoas na matriz precisarão saber que, quando elas visitam um país de tamanha importância, terão de investir pelo menos nove dias — dois fins de semana e cinco dias de trabalho — para serem

DOMINANDO MÚLTIPLOS CONTEXTOS

capazes de entrar nos circuitos sociais locais. A maioria dos executivos com experiência no jogo global já aprendeu isso.

Embora os ingredientes de um negócio (margem, fluxo de caixa, estrutura de custos, receitas e crescimento da receita, participação de mercado, retorno sobre o capital, intensidade de capital e fatia de mercado da marca) sejam os mesmos em todos os países, a maneira como eles se combinam e são priorizados está condicionada pelo contexto local. Os conflitos entre as metas globais e locais, especialmente no que se refere a preços e desenvolvimento de produtos, muitas vezes surgem na operacionalização de uma estratégia mundial para uma linha de negócios. Por exemplo, quando o mesmo produto se destina a ser utilizado em diversas áreas geográficas, você precisará alterar as especificações para produzir uma versão de menor preço para alguns mercados?

Em outros casos, a regionalização de uma estratégia global recai para decisões organizacionais. Digamos que uma empresa que faz móveis de alta qualidade de madeira laminada para os mercados do Norte esteja investindo no Sul. Ela usa uma força de vendas especializada no Norte, construída ao longo dos anos. A criação de uma nova força de vendas no Sul demorará muito tempo, por isso, a empresa decide alinhar os distribuidores locais. Isto significa colocar os distribuidores em um programa de treinamento intensivo antes que eles possam, efetivamente, comercializar os móveis.

Ou, para considerar uma mudança radical de atitude, digamos que você seja uma empresa farmacêutica que quer introduzir um de seus medicamentos em uma parte da África. Esse medicamento tem um preço alto na América e é um pouco menor na Europa, e essas margens são importantes para pagar um retorno de muitos anos de pesquisa e desenvolvimento. A droga é necessária na África, mas você teria de ter um preço muito mais baixo. No mundo transparente de hoje, não seria possível esconder essa discrepância. Como você garante a saúde financeira de sua empresa, enquanto satisfaz clientes em economias muito diferenciadas?

Outras tensões tendem a surgir quando você está contratando um talento de alto nível para uma posição importante no exterior — por exemplo, recrutar um vice-presidente de uma empresa indiana de US$ 80 bilhões para unir-se a você como o diretor executivo para a Ásia e África na categoria mais promissora do negócio. Compensação e status para essa nomeação no Sul estão normalmente no nível de um vice-presidente de uma unidade de negócio baseada no Norte. Você terá de brigar com a matriz para colocar esse executivo no círculo da diretoria, distintivamente acima do nível de um vice-presidente em uma unidade comercial baseada no Norte. Isso exigirá suas melhores habilidades de persuasão para acalmar as insatisfações na matriz, mas isso é apenas parte do novo jogo.

Como você equilibra o dinheiro e os recursos humanos investidos para atingir as metas em todo o mundo, com a necessidade de criar mercados e subsegmentos geográficos para posicioná-los a longo prazo? Decidir sobre o equilíbrio certo requer a alocação inteligente de recursos e a definição precisa de metas. A Procter & Gamble descobriu que tinha de se reequilibrar quando tentou se expandir muito amplamente e de modo muito rápido nos mercados emergentes. Ela recuou para 40 mercados que respondiam por 70% dos seus lucros.

Ao avaliar ou recompensar a equipe, é preciso olhar para além dos números e levar em conta a forma como os resultados estão sendo alcançados e o que está sendo construído para o futuro. Isso significa julgar o quanto as pessoas colaboram e quão difíceis são as condições externas. Mas deixe claro que os julgamentos não são arbitrários; portanto, comunique os fundamentos da avaliação.

CEO: POSICIONANDO A EMPRESA INTEIRA PARA ESTAR EM SINTONIA COM A RUPTURA

Como o CEO de uma empresa em expansão para o Sul, seu desafio é muito grande. As questões são muito mais numerosas e complexas que aquelas que você enfrentou quando o negócio estava concentrado em uma competência central e um número relativamente pequeno de mercados bem conhecidos. A determinação do conteúdo de sua estratégia começa com sua visão do quadro geral — olhando de fora para dentro e a partir do futuro. Você tem de ser incisivo em meio a tantas confusões, complexidades e incógnitas para ver as tendências irrefreáveis. Você tem de imaginar o jogo de xadrez e, em seguida, encontrar um caminho e fazê-lo com especificidade suficiente para que possa seguir em frente com confiança e, talvez, até mesmo fazer uma aposta estratégica.

Sua estratégia tem de responder às perguntas sobre onde focar no Sul e quais mudanças fazer no Norte. Parte deste processo de elaboração da estratégia é determinar qual mix de negócios manter, quais enfatizar mais, de quais se livrar e que novos negócios adicionar — de acordo com um ponto de vista voltado de fora para dentro e a partir do futuro, e a supressão da prática contemporânea de olhar de dentro para fora. Você tem de ter um claro entendimento de sua concorrência atual e futura, desde os pequenos concorrentes locais emergentes, mas ambiciosos, até as multinacionais bem estabelecidas e, talvez, alguns jogadores que são apoiados por seus governos. Você precisa encontrar o equilíbrio certo entre o Norte e o Sul, entre o curto e o longo prazo, e mudar esse equilíbrio conforme a ruptura global ocorre. Isso desafiará a atitude que você tomará em relação aos riscos que pode assumir.

Imagine que você esteja fazendo uma apresentação para a diretoria, a fim de obter a aprovação deles para investir meio bilhão de dólares na China nos próximos cinco anos. A diretoria não está entusiasmada com a ideia. O membro do conselho pergunta a você e à sua equipe de gestão quem, nesse setor industrial, ganha dinheiro na China e quais concorrentes globais estão se movendo rapidamente para lá. "Considerando os salários inflacionados na China e o comportamento incerto do governo chinês, quando você acha que teremos retorno sobre esse investimento?", acrescenta. Outro diretor acrescenta: "O importante não é saber se devemos mesmo entrar na China? Ainda levará um bom tempo para que a China se torne o maior mercado do mundo, e sabemos que não ganharemos dinheiro por um longo período. Não é melhor permanecermos nas áreas geográficas que conhecemos, ganhando dinheiro e criando valor para os acionistas?".

O terceiro diretor observa que, dada a indústria em que atuamos, competiremos com o governo chinês. O governo chinês quer a tecnologia mais moderna agora e no futuro, e espera que você seja um parceiro minoritário, administrando seu negócio global inteiro a partir da China. É um dilema espinhoso: a escolha entre se tornar o número um em um mercado maior, com todas as dores de cabeça de um acionista minoritário ou permitir que alguém o tire dessa posição e se torne um competidor maior que você no futuro. Você está disposto a fazer uma aposta estratégica? Se a diretoria resiste, é porque ela não vê o que você vê?

Infelizmente, o fato anterior retrata um diálogo real em uma reunião de diretoria da qual participei; a diretoria era o maior impedimento para aproveitar a possibilidade de uma ruptura global por parte da empresa. Como CEO, você precisa fornecer uma visão clara da paisagem de ruptura global e suas tendências inevitáveis (ver Capítulo 2) para ajudar a diretoria a entender o que está em jogo. Você precisa trabalhar de perto com ela para mantê-la informada sobre a natureza do Sul, porque a maioria das diretorias não conhece bem suas nuances e caprichos. A impressão que recebem de seus pares no Norte é que é difícil ganhar dinheiro no Sul. Você pode querer organizar viagens para eles para que passem um tempo no Sul — mais tempo do que as típicas visitas curtas e oficiais que deixam muito pouco tempo informal para poder perceber as condições locais e envolver-se no sistema social. Você pode até querer fazer o que algumas diretorias fazem: agendar uma reunião no Sul. Faça que os diretores fiquem por uma semana com seus cônjuges e crie oportunidades para que eles se conectem socialmente com as pessoas influentes da região. Isso lhes dará um entendimento pessoal e íntimo sobre como as coisas funcionam lá.

Não há escapatória: como CEO, muitas decisões sobre a mudança do destino de sua organização estão diante de você. Você não tem escolha, exceto atacá-las de frente. O CEO da GE, Jeff Immelt, criou uma lista das dez principais decisões que ele precisou tomar. Peguei emprestada essa lista para criar um conjunto de perguntas que qualquer CEO deve considerar antes de embarcar para o Sul, em uma missão.

DOMINANDO MÚLTIPLOS CONTEXTOS

AS 10 DECISÕES DE UM CEO

Pegue uma folha de papel em branco e responda a estas perguntas:

1. Quais executivos e equipes participarão na formação da estratégia, decidindo como operacionalizá-la e liderando a mudança em sua execução?

2. Qual é a sua nova estratégia e seu roteiro? O que a empresa não fará, quais mudanças serão feitas a partir do presente e que partes de sua estratégia atual serão abandonadas ou não enfatizadas?

3. Que mudança você fará na alocação de capital? Qual será o ritmo dessa mudança? Que recursos financeiros e de pessoas precisam ser remanejados — retirados do Norte e reimplantados no Sul — para impedir que os custos gerais e outros aumentem?

4. Que novas competências serão necessárias? Por exemplo, a empresa precisará de uma abordagem diferente para a logística? Quais competências deixaram de ser relevantes?

5. Como reconfigurar o conteúdo, a localização e os resultados operacionais — especificamente a parte financeira e de pessoal? Por exemplo, estudos de uma linha de negócios mundiais deveriam ocorrer na China?

6. Como o teor das informações e sua arquitetura devem mudar?

7. Que decisões precisam ser tomadas e onde? Que mudanças precisam ocorrer? Quais pessoas do Sul precisam ser uma parte crítica da tomada de decisão corporativa?

8. Você deve mudar a estrutura organizacional? Se sim, quando e como?

9. Quais KPIs, quantitativos e qualitativos, conduzirão o novo jogo e quais serão abandonados? Eles podem ser alterados no meio do caminho?

10. Quais serão o conteúdo, a frequência e os meios de comunicação para criar entusiasmo em relação a essa mudança interna e externa? Comunicações externas positivas geralmente influenciam o moral da força de trabalho.

Um CEO experiente pensa por meio do sequenciamento de tais decisões e avalia suas consequências de segunda, terceira e quarta ordens. A determinação importa. A paralisia da análise pode matar você.

DESAFIOS COMUNS EM TODOS OS NÍVEIS DE LIDERANÇA

A mudança de atitude, comportamento e habilidades necessárias em um mundo em transformação é importante não só para os que fazem a transição para uma colocação em um ambiente totalmente novo, mas também para aqueles que permanecem no mercado doméstico. Compreender as questões específicas do movimento do Norte para o Sul ajudará qualquer líder a melhorar seu desempenho, quer seja um CEO, um gerente de uma unidade de negócio ou o líder de RH, finanças ou compliance. Isso também ajudará os líderes do Sul quando eles se moverem de um país do Sul para outro ou do Sul para o Norte.

DOMINE RAPIDAMENTE O CONTEXTO LOCAL

Não importa seu nível de responsabilidade, haverá normas de conduta que você precisará entender e respeitar quando for para o Sul, pois suas habilidades sociais afetarão significativamente sua capacidade de tomar boas decisões. Deixe-me explicar.

Uma pessoa do Sul — digamos, da Índia, China, do Brasil, da Indonésia ou Nigéria —, indo para os Estados Unidos, tem mais facilidade para entender o mercado do que vice-versa. Os Estados Unidos tem mais fontes confiáveis de informação e consultores de alto nível; portanto, conhecimento, informações e pareceres de peritos estão prontamente disponíveis. Iniciantes tem mais facilidade

DOMINANDO MÚLTIPLOS CONTEXTOS

para se mover na direção da ruptura. Também ajuda que uma parcela significativa de líderes do Sul (ou seus sócios) tenha sido educada ou tenha trabalhado no Norte. Eles sabem o que está disponível e em quem confiar. Esses fatores, associados com a experiência no Sul, criam uma potente combinação.

Ir da América do Norte ou da Europa para, digamos, a China, é muito mais difícil. Ser um bom ouvinte e valorizar as pessoas locais é fundamental. Na Índia, por exemplo, os CEOs locais sabem que cada um dos 30 estados é como um país em si, em termos de comportamento do consumidor, segmentação, infraestrutura e logística. Muitas vezes, a parte mais importante é a compreensão de como as decisões são tomadas e de como a informação flui entre os vários participantes. Você tem de construir redes sociais e aprender a maneira como as várias agências governamentais e os níveis de governo interagem entre si e quais são as ligações com sua indústria.

Evite a armadilha em que muitos líderes dos Estados Unidos, Europa e Japão caem de frequentar muitas redes sociais semelhantes às que eles já conhecem. Na maioria dos países do Sul, onde a informação pode ser evasiva e pouco confiável, você precisa estar conectado com as pessoas que podem interpretá-la com conhecimento e fornecer julgamentos qualitativos precisos. Construa uma rede social encontrando os mentores ou criando um grupo consultivo de pessoas que possam instruí-lo sobre a anatomia, a realidade e o contexto da tomada de decisão por parte das autoridades locais. Não tente apressar as coisas; em muitos casos, talvez você precise ser menos eficiente para ser mais eficaz. A mentalidade "vamos correr e terminar esse trabalho" não é propícia para desenvolver a coesão e a confiança que embasam uma rede social.

Ao ouvir as pessoas locais, você precisa ter sua mente aberta para se conscientizar do quadro de referência delas. As normas sociais locais que orientam o compartilhamento de informações podem ser diferentes daquelas de dentro da sua empresa. A menos que passe bastante tempo construindo uma coesão social, você pode não chegar à verdade. Você precisa captar o que a pessoa tem em mente e repetir e confirmar isso antes de terminar a conversa. Seja paciente e trabalhe para isso. Em muitas dessas culturas, falta acompanhamento. Você precisa ter acompanhamento. À medida que praticar, você apreenderá a cultura e as normas sociais dos jogadores.

Aprofundar-se nas especificidades de determinado país deve complementar, mas não substituir, sua visão da paisagem externa orientada de fora para dentro e a partir do futuro. Você deve praticar continuamente, triando a complexidade da mudança externa, selecionando o que importa e identificando as oportunidades de negócio. Teste sua coragem de fazer apostas e investimentos estratégicos onde alguns fatores são uma incógnita. Crie sua própria rotina diária, semanal ou mensal para detectar as forças globais que mudarão o jogo.

CRIE UMA VISÃO TANGÍVEL

Para que as pessoas da sua empresa, seus parceiros e seus clientes no Sul o levem a sério, você deve tornar sua visão *tangível* e *comunicável*. Ela deve ser moldada com a participação de suas pessoas-chave, uma vez que o processo de formação constrói comprometimento e adesão. Para ser confiável, sua visão deve ter marcos ou objetivos claros; visões grandiosas serão vistas como alucinações. Você deve comunicar sua visão incansável e repetidamente, garantindo que os destinatários recebam o conteúdo da forma como foi concebido e que estejam comprometidos com sua visão.

Por exemplo, quando a Bharti Airtel assumiu o comando das operações do grupo Zain em 15 países africanos, a empresa tivera cinco proprietários diferentes ao longo da década anterior e seus funcionários estavam céticos (compreensivelmente) quanto a uma permanência mais duradoura por parte do novo dono. Na primeira semana, a empresa reuniu seus melhores cem líderes africanos para criar uma vi-

DOMINANDO MÚLTIPLOS CONTEXTOS

são comum. Eles despenderam uma semana de trabalho conjunto para resolver pequenos problemas. Manoj Kohli, com seu conhecimento de RH, é um mestre da facilitação e a semana forneceu-lhe muito tempo para conhecer cada pessoa. Houve muito diálogo e ele é um ouvinte por excelência, pensador preciso e grande comunicador com a capacidade de se conectar com pessoas de todos os tipos de culturas.

A visão que eles criaram é a de que a "Bharti será a marca mais amada no cotidiano dos africanos, até 2015". Essa visão é tangível, mensurável e baseada no tempo. Ela está focada no consumidor e é transmitida subliminarmente, plantando a noção de "amor", em vez de "gosto", em contraste com outras marcas. A palavra "amado" implica, em relação ao consumidor, uma continuidade na prestação de serviços desejáveis e, ao mesmo tempo, dá o foco necessário para as cem líderes fazerem tudo o que podem e devem para que os consumidores amem a marca. Os líderes, por sua vez, terão suas organizações apontando para o mesmo objetivo.

Kohli retornou depois de duas semanas para falar com as pessoas e garantir que elas tinham compreendido o conteúdo da visão e a direção que a empresa tomaria. Ele tomou conhecimento da forma como os cem líderes estavam modelando planos específicos para caminhar nessa direção e executá-los

Uma visão que é tangível, mensurável e ligada às prioridades do negócio ajuda na execução, direcionando os funcionários e os parceiros para o mesmo objetivo. Reunir benchmarks específicos cria energia. Para converter a visão da Bharti Airtel em realidade, funcionários e parceiros focaram dois imperativos do negócio: preços acessíveis e uma oferta de serviços atraente. A gestão se concentra em tomar decisões voltadas a cada país, definindo quais serviços serão oferecidos e em que ritmo, qual infraestrutura será construída e em que ritmo, quais investimentos serão feitos e executados no prazo e dentro do orçamento, e, por fim, qual será o critério de seleção e de promoção de talentos para trazer *intensidade gerencial extraordinária*, a fim de concretizar a visão em 2015.

DESAFIE SUAS REGRAS DE OURO

Em quase todos os casos, os líderes, ao entrarem em um novo território, terão de se ajustar, ou mesmo mudar radicalmente suas regras práticas intuitivas e bem testadas. Estas podem ser especialmente prejudiciais se você tentar usá-las com as pessoas do Sul que não podem relacionar-se com as especificidades de um contexto que não lhes é familiar. Você vai precisar de resiliência e de flexibilidade psicológica para aprender as novas regras práticas, modificar algumas antigas e acabar com outras. Veja apenas dois exemplos:

- Consumidores: No Norte, você sabe onde seus consumidores compram, quais informações eles recebem de antemão e que preço pagarão. Eles vão para grandes lojas de varejo ou compram on-line, recebem cupons de desconto ou anúncios de venda e usam a mídia digital para comparar os preços das lojas. Em contraposição, a maioria dos consumidores no Sul compra em lojas pequenas com margens baixas, que são atendidas por mais de uma camada de distribuidores intermediários. Você precisa estudar o sistema para entender como ele difere daquele com o qual está habituado.

- Concorrentes: A maioria das regras práticas para compreender o comportamento competitivo será inadequada no Sul. Os concorrentes do Sul gerenciam o dinheiro, não o lucro, e trabalham com margens muito estreitas, alta velocidade de ativos e despesas gerais bem reduzidas. Eles, geralmente, não são de capital aberto e, portanto, não contratam empresas de contabilidade e auditores internos nem estão vinculados a regras estabelecidas pelas bolsas de valores. São movidos pela participação de mercado, não pelo valor de mercado. Como resultado, são decisivos, rápidos e empreendedores.

CONSTRUA SUA EQUIPE

Um desafio comum para os líderes é alavancar a escala e o escopo globais da organização e o banco de talentos em todo o mundo para realizar as iniciativas-chave que criam novo valor ou estabelecem uma diferenciação em relação aos concorrentes, sejam eles locais ou multinacionais. Projetos como os de desenvolvimento de software, que integram o capital intelectual de locais de pesquisa e desenvolvimento espalhados por todo o globo e redesenham as cadeias de fornecimento globais, são frequentemente concebidos e administrados por equipes de pessoas trabalhando em diferentes funções, países e unidades de negócio. Montar com sucesso essas equipes é uma arma fundamental para vencer na paisagem em constante mudança do deslocamento do poder econômico global.

Os líderes que fazem isso bem são o que eu chamo de *integradores globais* — uma nova expressão para designar um novo tipo de líder. Uma das habilidades de um integrador está em estabelecer a confiança entre as pessoas de diferentes culturas e disciplinas. O que ajuda é trabalhar para garantir que eles conheçam o objetivo final de forma muito precisa e tenham o mesmo entendimento das informações, dados, fatos e contexto externo. Um integrador global trabalha com as pessoas, individual e coletivamente, aproveitando seu conhecimento e sua experiência ao buscar as soluções certas e fazendo que cada uma delas modifique seu ponto de vista para chegar a um ponto final comum. É um trabalho repetitivo para um líder. Uma única iteração não o fará chegar lá.

MOBILIZE SUA ORGANIZAÇÃO SOCIAL

A execução de qualquer visão, mudança ou iniciativa exige que você energize as pessoas em sua organização e as direcione para as ações específicas que precisam tomar. Eis sua lista de verificação:

- Garanta que a comunicação — de cima para baixo e de baixo para cima — não tenha filtro. Deve ser como o sangue fluindo livremente por meio das artérias da organização.
- Simplifique a tomada de decisão e a responsabilização por elas. Se as decisões não forem executadas e os objetivos não estiverem sendo alcançados, vá até a raiz para ver se os fatores são controláveis.
- Conhecer o talento natural, as experiências e as opiniões dos jogadores-chave tão bem quanto possível, com a rapidez que é factível, e colocá-los nos lugares certos. Avalie se as pessoas e seus trabalhos estão bem correspondidos. Existe uma deficiência de habilidades necessárias para alcançar a visão? Lide com os problemas que surgem no contato estabelecido entre diferentes culturas. Diferenças no compartilhamento de informações são comuns: quando Mark Fields, agora o executivo da Ford responsável pela América do Norte e pela América do Sul, foi para a parceira japonesa da Ford, em 1997-98, ele identificou rapidamente a necessidade de realizar uma grande mudança em uma cultura onde as informações eram compartimentadas. Os gerentes eram especialistas funcionais que não entendiam o negócio como um todo. Como Fields explica: "Se o gerente da linha de montagem produziu o número de unidades que deveria produzir, então, a empresa deve ter lucro. Ou se a chefe de compras alcançou seus objetivos para o ano, sua suposição era de que o negócio estava em boa forma. O negócio nunca lhes fora mostrado como um todo para que pudessem ver como cada uma de suas peças se encaixava". Depois de tornar clara sua expectativa de que as pessoas se abrissem mais, Fields os levou a uma reunião fora do local de trabalho para aprenderem sobre as funções uns dos outros e formarem uma visão comum do negócio como um todo. O executivo combinou com seus funcionários que eles só falariam em japonês, usando intérpretes apenas quando necessário. Falar em sua língua nativa iria deixá-los mais confortáveis e permitiria que as nuanças e os sentimentos aflorassem, possibilitando que o intercâmbio de informações fluísse naturalmente e os pontos de vista fossem apresentados de maneira mais precisa. Depois de dois

dias, durante os quais Fields fez inúmeras perguntas para atraí-las, as pessoas começaram a ver as coisas sob uma perspectiva mais ampla e passaram a gostar da razão por que deveriam ser mais proativas quanto ao compartilhamento de informações.

- Ganhe credibilidade e instaure a confiança fazendo o que você disse que faria, compartilhando notícias boas e ruins, explicando claramente as razões para suas decisões.

- Resolva qualquer tensão com a matriz. Isso não é algo que ocorre uma única vez; a tensão estará sempre presente. Digamos que você seja um gerente de unidade comercial local e vê uma grande oportunidade para fazer apostas estratégicas. Você conhece o contexto local muito melhor que seu gerente global, a vários milhares de quilômetros de distância. Ele nunca viveu ou trabalhou no Sul e recebe suas informações de especialistas do setor, de eventuais consultorias e de você. Sua capacidade de fazer suas apostas depende de você poder levá-lo a aceitar seu julgamento. Prepare-se fazendo uma análise rigorosa e uma descrição explícita dos riscos sob uma série de condições. Certifique-se de que o retorno proposto justifica esses riscos. E então, convença-o de que sua avaliação do contexto local justifica o investimento solicitado. Além disso, esteja preparado para abrir caminho através de vários níveis de tomada de decisão e corrigir distorções nas informações. Desenvolva a confiança necessária e mantenha-se seguro, comunicando-se vigorosamente com os tomadores de decisão, criando um intenso fluxo de informações sobre seu plano e sobre as implicações para o negócio, de modo que, com o tempo, eles vejam que você conhece bem o assunto e que tem bom julgamento.

Reorientar toda a empresa para ter sucesso na ruptura é algo semelhante à realização de um transplante de coração: o cirurgião tem de manter seu paciente vivo durante a cirurgia. Para uma empresa, o desafio é manter-se funcionando harmoniosamente e entregar os números em meio ao trauma. Em seguida, irei levá-lo para a sala de operações corporativa, onde você verá como fazê-lo.

CAPÍTULO SEIS

MUDANÇA DE PODER, RECURSOS E COMPORTAMENTO ORGANIZACIONAL

A ORGANIZAÇÃO GLOBAL NO MUNDO EM TRANSFORMAÇÃO

Preparar a organização para executar sua nova estratégia exige, para começar, que ela tenha sido pensada e desenvolvida antes. Seu objetivo é transformá-la em uma organização rápida e adaptável, apta a dançar no ritmo diferente de um mundo em mudança. As organizações têm de ser capazes de responder instantaneamente ao contexto de mudança externa, vencer no mercado local e também construir capacidades para o futuro. Os líderes locais têm de estar munidos da autoridade e dos recursos necessários para que possam mover-se sem perder tempo, esperando pela aprovação de uma matriz distante.

Enfrentando mudanças de tal magnitude, os líderes geralmente presumem que terão de começar pelo rearranjo da estrutura organizacional. Isso não deve ser uma meta: pode ser extremamente difícil de executar, pode drenar a energia e interromper os negócios durante a transição da antiga estrutura para a nova.

Há uma alternativa que é certamente mais eficaz: concentre-se primeiro no sistema social da organização, a outra metade da equação. Onde quer que os seres humanos trabalhem juntos, seus comportamentos e ações (ou omissões) formam um sistema social. As entranhas do sistema social são "constituídas" pela maneira como pessoas e grupos interagem e tomam decisões — com quem a informação é compartilhada, como as compensações são feitas e por quem, e se o comportamento nessas interações cria energia ou a esgota. Tenho observado que uma hábil mudança do sistema social pode realizar o que é necessário. O impacto do sistema social é tão poderoso que, às vezes, é toda a mudança necessária.

Três mudanças organizacionais são essenciais para que você tire vantagem do deslocamento do poder econômico global: mudanças no *poder* (quais decisões serão tomadas, por quem e em que parte da organização), na distribuição dos *recursos* (líderes, especialistas e financiamento) e no *comportamento organizacional* (atitudes, hábitos e regras práticas). Se você é o principal líder, pode conduzir essas mudanças pelo uso focado e disciplinado das ferramentas e dos mecanismos que provavelmente já utiliza — por exemplo, usando o processo de orçamento para garantir que os recursos sejam direcionados para áreas de crescimento no Sul. Você também pode incorporar, nas avaliações de desempenho, o quanto um membro da equipe está disponível às contribuições das pessoas do Sul. Se você for um gerente de nível alto ou médio, precisará saber quais mudanças fazer, como lidar com as tensões inerentes que elas criam, como seu conteúdo de trabalho e alocação de tempo mudará, e quais hábitos pessoais você tem de adotar para fazê-las acontecer.

Fazer essas mudanças no sistema social, em primeiro lugar, realmente irá ajudá-lo a tomar a melhor decisão sobre o tipo de estrutura organizacional que você precisa. Você será capaz de julgar quais habilidades e conhecimentos — e, portanto, *quem* — deve estar ou permanecer nos papéis de tomada de decisão e quem terá se tornado um obstáculo. Quando as pessoas experimentam bons resultados sem a descontinuidade de uma mudança abrupta na hierarquia de comando, elas ficam mais abertas a ajustes. A transição será mais suave porque elas verão que a psicologia dominante na organização terá mudado. Um CEO me disse que depois de o poder, os recursos e o comportamento organizacional terem começado a mudar, a organização quis saber por que a modificação na estrutura organizacional estava demorando tanto.

É verdade, alterar a estrutura primeiro tem vantagens que alguns líderes acharão atraentes. É mais fácil trazer sangue novo para as posições-chave, que as mudanças no processo de tomada de decisão, orçamentos, alocações de capital e KPIs poderão ser feitas de uma só vez. A transição normalmente leva cerca de seis meses. Mas, durante esse tempo, muitas pessoas ficam confusas e entram em conflito. Quando uma grande multinacional americana realizou, recentemente, uma reestruturação significativa, alguns talentos saíram em busca de outras oportunidades e alguns gerentes de nível médio me disseram que trabalhar com pessoas que ainda não sabiam o que estavam fazendo em seus novos empregos era uma tortura. Os relacionamentos tiveram de ser construídos de novo, interna e externamente, com os parceiros.

Os líderes que querem participar do sistema social devem primeiro exercer o máximo de honestidade intelectual ao tornar sua organização apta para enfrentar o desafio emergente. Apto significa ter a capacidade e/ou sistemas necessários para descobrir e buscar as oportunidades na ruptura global e, igualmente importante, a psicologia para vencer. Um modo prático e eficiente de avaliar a aptidão é montar uma equipe de pessoas que inclua RH, finanças e o setor jurídico, programando um retiro para abordar as seguintes questões:

1. Sua combinação de talentos no Sul é forte e profunda o suficiente?
2. Seus orçamentos refletem as prioridades de crescimento?
3. Os KPIs e a remuneração refletem as mudanças que você está tentando fazer?
4. Onde estão os bloqueios no fluxo de know-how, tecnologia e expertise?
5. As pessoas, seu orçamento e suas revisões do negócio estão lhe ajudando a fazer a mudança?
6. As decisões críticas estão sendo tomadas de maneira certa?

As respostas a essas perguntas apontarão para ações que precisam ser tomadas. Não há uma solução universal, mas as ações devem ser claras, específicas e transmitidas para as pessoas que irão implementá-las. Então, você como líder deve se concentrar intensamente na operação: atribuir responsabilidades claras, fazer o acompanhamento das mudanças e comemorar as conquistas. Um acompanhamento rigoroso e disciplinado é imprescindível para impedir que as pessoas voltem a adotar os antigos comportamentos.

1.
SUA COMBINAÇÃO DE TALENTOS NO SUL É FORTE E PROFUNDA O SUFICIENTE?

A seleção e a designação dos principais líderes do Sul são cruciais: não apenas a direção no país, região ou unidade de negócio, mas também o diretor financeiro, o diretor de recursos humanos e o diretor de compliance. Ter líderes fortes e competentes que partilham os valores da sua empresa abre caminho para mudanças no poder e na distribuição dos recursos, garantindo que estes fiquem em boas mãos.

Quando o CEO da Bharti Airtel, Sunil Mittal, considerou a aquisição da operação africana, ele percebeu que o risco era alto devido ao desafio de assumir o negócio em muitos países diferentes ao mesmo tempo e à elevada dívida que a empresa contrairia. Uma administração ineficaz seria um desastre. Mas, ele tinha em Manoj Kohli um líder com a experiência, os valores e habilidades para assumir a tarefa. Kohli tinha a capacidade de ver a imagem geral, enquanto compreendia os contextos de vários países, incluindo seus governos.

Muitas empresas cometem pelo menos um de dois erros na nomeação de um líder para conduzir o crescimento nos mercados promissores que escolheram no Sul. O primeiro é o envio de uma pessoa que está muito abaixo do nível requerido e/ou é muito estreita em perspectiva — por exemplo, uma pessoa que é excelente em sua função, mas ignora as implicações mais amplas de seu trabalho. Essas pessoas têm dificuldade em ver o aspecto macro do negócio e podem não observar

MUDANÇA DE PODER, RECURSOS E COMPORTAMENTO ORGANIZACIONAL

as nuances que envolvem o ganho de dinheiro em um país diferente. Uma empresa enviou um líder do Brasil para dirigir os negócios na Indonésia; embora ele fosse um gênio técnico e tivesse um bom desempenho em seu país de origem, não tinha a perspectiva mais ampla de um empresário global. Igualmente prejudicial foi o fato de ele não ter conseguido abandonar suas antigas regras práticas de abordagem do ambiente político e, consequentemente, viu-se impedido de construir relacionamentos com pessoas-chave do governo local.

O segundo erro é o fato de que muitos líderes são enviados para trabalhos em mercados em crescimento por apenas dois ou três anos, para depois serem reposicionados. Tal rotatividade aumenta o problema, pois torna difícil a construção de relacionamentos. O concorrente local, que tem experiência no mercado e relacionamentos de longo prazo, terá uma vantagem significativa. Qualquer pessoa escolhida deve ter habilidades, personalidade e mentalidade para competir com os líderes locais, que via de regra pensam grande, são agressivos e altamente empreendedores, estão acostumados a viver com margens baixas e mantêm boas relações com as pessoas influentes do país.

Pode ser difícil afastar um de seus líderes mais fortes de um trabalho no Norte, porque você sente que precisa preservar sua força ou lidar com questões difíceis em mercados que ainda geram a maior parte do dinheiro, da receita e dos lucros. Você não quer prejudicar seu desempenho anual no mercado doméstico. Além disso, os líderes que você gostaria de colocar no cargo podem hesitar em mudar por medo de se tornarem cidadãos de segunda classe e ficar fora da tela do radar, afastando-se, assim, da possibilidade de conseguir futuras promoções. A preocupação de que você perderá os melhores executores e pessoas de quem mais depende torna mais confortável colocar pessoas de nível inferior nesses postos de crescimento no Sul. Você precisará tranquilizar explicitamente seus melhores líderes dizendo que um bom desempenho nos trabalhos poderá colocá-los no grupo de sucessão, desde que o prazo seja mais longo do que, digamos, dois anos. O ex-CEO da GE, Jack Welch, colocou Jim McNerney em Hong

Kong por cinco anos. McNerney tornou-se um dos três candidatos a substituir Jack Welch e se tornou CEO da 3M e, depois, da Boeing. Em contrapartida, abrir vagas de liderança no Norte pode ser um grande motivador e uma excelente oportunidade de desenvolvimento para talentos promissores.

Uma alternativa óbvia é contratar um líder local que conhece o contexto regional. Mas, você deve evitar um erro que as empresas costumam cometer: a contratação de alguém que não tem calibre alto o suficiente. O eterno desafio de contratar a pessoa certa torna-se mais difícil quando o ambiente é pouco familiar e a competição por altos talentos é feroz. Mas, isso faz toda a diferença e, portanto, exige que o CEO e o diretor de RH dediquem o tempo e a energia necessários para fazer a coisa certa.

Verificar as referências dos líderes de alto calibre na economia em alto crescimento do Sul e recrutá-los pode ser mais desafiador do que no Norte. Você encontrará muitas pessoas com um currículo impressionante, mas bem poucas que possam assumir as responsabilidades de um líder empresarial. Headhunters e conselhos consultivos podem ajudar a encontrar as pessoas e verificar seus conhecimentos. E a boa reputação da sua empresa irá atraí-las, especialmente se é conhecida por ajudar as pessoas a desenvolverem seus talentos. Você precisará de pessoas que dominem o contexto local e tenham contatos sociais, além de ter uma visão de negócio e valores adequados à sua empresa. E lembre-se de que experiência operacional verificável não é o mesmo que um histórico de realizações.

Nada é mais desastroso do que ter a liderança errada. É duro o suficiente ter de renunciar o poder da matriz. Se a alta gerência não confiar na competência dos líderes locais, a mudança de poder não acontecerá. As decisões serão revistas e criticadas, diminuindo a capacidade de resposta da organização local, e os recursos serão retidos na matriz por medo de que eles possam ser mal gastos. Outras pessoas assimilarão sua hesitação e serão menos receptivas às contribuições, ideias e informações do líder. Substituir o líder depois desperdiçará um tempo precioso.

Os líderes do Sul esperam ser recompensados em níveis que se aproximam daqueles dos do Norte, geralmente com mais benefícios marginais. Os melhores talentos simplesmente não aceitarão padrões de renumeração do Sul. A disputa maior é que muitos deles querem ser diretores corporativos, não apenas um diretor da subsidiária nacional ou da unidade de negócio. Querem grandes títulos como a vice-presidência, e esperam ser compensados de acordo. Muitos dos melhores líderes virão de posições seniores em grandes organizações no nível local, incluindo outras multinacionais bem estabelecidas, e estarão bem sintonizados com todos os sinais sutis de que suas carreiras serão limitadas. Para participar de sua empresa, eles precisam ver que serão jogadores importantes em um banco de talentos global diversificado: querem fazer parte da equipe sênior e serem cotados para trabalhos maiores no futuro. Empresas como GE, Honeywell, Unilever e Siemens oferecem uma proposta de grande valor para esses líderes porque seus sistemas garantem que essas pessoas poderão avançar para postos de trabalho com responsabilidades mais amplas, incluindo os grandes na matriz. Na GE, por exemplo, eles interagem diretamente com o vice-presidente John Rice, que mora em Hong Kong. Eles se sentam na primeira fila na reunião anual de gestão da GE, em Boca Raton, Flórida.

Embora você deva estar aberto para mudar o talento do Sul para o Norte, deve esperar que os líderes atribuídos no Sul fiquem em seus postos de trabalho por tempo suficiente para construir sua equipe de ponta e a própria sucessão. A maioria das equipes será uma mistura de talentos importados e pessoas locais recrutadas de diversas empresas. Uma tarefa crucial para o líder é recrutar e reter esse grupo, e fazê-lo trabalhar melhor em conjunto do que a concorrência local.

Quando você contrata ou nomeia líderes de alto calibre, particularmente para seus mercados de crescimento com maior prioridade no Sul, precisa ter certeza de que eles, recrutados localmente ou retirados da base doméstica, não ficarão limitados pela hierarquia de comando da matriz e não se sentirão enterrados por terem de obter múltiplas aprovações. Para otimizar a atuação dos líderes dos países mais críticos — aqueles com enorme potencial que podem afetar o destino da empresa —, convém que seja estabelecida uma linha direta com o CEO. Algumas empresas já aboliram a matriz regional, organizando-se em grupos com base na proximidade geográfica. Na GE, os líderes de um grupo se reportam a um vice-presidente e interagem diretamente com o CEO a cada seis semanas.

Relações hierárquicas simplificadas aceleram a capacidade de resposta à concorrência local, evitam distorções no fluxo de informações e também sinalizam a importância da posição, o que afeta o recrutamento e a retenção. Também abrem a mente das pessoas na matriz. As pessoas querem que suas vozes sejam ouvidas. O CEO ou quem quer que esteja conduzindo reuniões e discussões pode enviar sinais fortes sobre o valor que dá ao que um líder tem a dizer, ouvindo-o atentamente, chamando a pessoa, se necessário, e confiando em seu julgamento. É principalmente por meio de discussões que a confiança e o respeito se desenvolvem e o comportamento começa a mudar. (Tudo isso é previsto, naturalmente, quando se recruta um líder capacitado para a tarefa e que esteja alinhado com os valores do resto da empresa.)

Aumentar o calibre e o papel dos líderes nos mercados críticos do Sul traz graves, às vezes dolorosas, implicações para o Norte. Você não pode aumentar continuamente o número de diretores da empresa — vice--presidentes, vice-presidentes executivos e afins. Muitos terão de mudar para outra parte do mundo ou serão convidados a sair. Uma maneira de ver isso é considerar quantos de seus líderes são de países do Sul. Se você tem, digamos, 50 líderes de alto nível baseados no Norte, e sua estratégia é expandir-se no Sul, você pode definir que pelo menos dez deles sejam dos países de alto crescimento. A questão, então, é saber se você pode realmente arcar com o aumento no número total de líderes de 50 para 60 ou terá de reduzir o número deles no Norte. Mesmo entre os mercados do Norte, você pode ter de transferir e redimensionar sua liderança. Você deve continuar a dedicar o mesmo nível de recursos humanos em Portugal, Espanha, ou Itália, por exemplo, dados seus problemas econômicos? Talvez, algumas pessoas devam ser transferidas para a Alemanha, pois se tornou fundamental vencer na Europa e no Oriente Médio. Você também tem de avaliar se os líderes do Norte aceitarão as mudanças organizacionais que está tentando fazer, porque provavelmente eles controlam uma grande quantidade de recursos.

Inevitavelmente, haverá um problema de ordem moral. Você perderá alguns dos seus colegas e alguns funcionários muito talentosos, dedicados e bem-sucedidos. Será acusado de ser insensível e, talvez, até antipatriótico. Você não é, mas Wall Street é clara: reduzir o custo, cortar despesas e colocar os recursos em mercados em crescimento e, ao mesmo tempo, fornecer RTA. E mais, evitar esses problemas é algo tão ou mais sombrio quanto enfrentá-los: um grande número de funcionários em um ambiente de crescimento lento tende a estimular uma disputa política interna.

2.
SEUS ORÇAMENTOS REFLETEM AS PRIORIDADES DE SEU CRESCIMENTO?

Os líderes seniores precisam desenvolver uma maior consciência dos aspectos sociais e políticos do orçamento, uma ferramenta central na transferência de recursos. Com ela, normalmente, ocorrem mudanças no poder, e o próprio processo orçamentário passa a ter um comportamento diferente. Muitas vezes, porém, a alocação de recursos tem o efeito oposto: preserva as bases de poder existentes e reforça o status quo. Tal alocação é feita de forma retrospectiva, não prospectiva. Aqueles que controlam essas decisões adotam pressupostos ultrapassados que os impedem de ver o que precisa ser feito. Ou se são capazes de fazer a conexão intelectual entre a mudança de estratégia e a nova alocação de recursos, o lado humano atrapalha o modo de agir. Encaremos o fato: as pessoas odeiam cortar recursos. Elas são influenciadas por fatores psicológicos, como não querer desapontar as pessoas com quem já trabalham por um longo tempo.

Orçamentos e KPIs são compromissos pelos quais você vive ou morre. Uma falha em cumprir um objetivo importante submete-o a um constrangimento perante seus colegas, chefes e equipe, e pode afetar seu bolso, especialmente quando exceder os KPIs pode significar um bônus anual de 200% da meta, bem como comprometer as chances de promoção. O processo orçamentário requer muita preparação e gera uma quantidade enorme de manobras. A competição e a negociação são um tipo de jogo interno e intensifica-se quando o crescimento é fraco ou está em declínio e os recursos têm de ser cortados. A disputa gerencial surge porque não há dinheiro suficiente para continuar a financiar o Norte no mesmo nível e também abastece o crescimento no Sul, sem afetar os resultados que Wall Street procura. Embora seja fácil dizer que você quer expandir-se em um mercado em crescimento, a realidade é que as limitações de recursos criam tensões ferozes em torno dos orçamentos operacionais.

Em muitos casos, os líderes do Norte estão lutando para preservar o que têm. Eles sabem que sem o mesmo nível de financiamento com o qual estão acostumados, terão de reduzir o número de pessoas na folha de pagamento. Isso é algo que todo líder teme, em especial quando tem de ser feito cirurgicamente. Os líderes sofrem quando as pessoas começam a perguntar: "Por que eu tenho que ir? Meus indicadores de desempenho são excelentes. Por que não outra pessoa?". Fechar uma fábrica inteira é relativamente mais fácil porque isso é justificado com base em números concretos e análises.

Os principais gestores têm suas próprias razões para manter o financiamento do Norte nos níveis habituais: eles estão preocupados em não prejudicar os fluxos de lucro oferecidos. Mas, provavelmente, serão necessários ajustes até mesmo no Norte, porque alguns segmentos crescerão mais do que outros ou um mercado ficará sob ataque de um concorrente global.

Os líderes no Sul provavelmente estão lutando mais por recursos porque eles veem as oportunidades. Mas são boas oportunidades? Que margens elas gerarão e quando? O truque é reconhecer que alocar uma parte do orçamento operacional para um mercado em crescimento em um país no Sul é, na verdade, um investimento estratégico que compensará em questão de anos, não meses. Leva tempo construir uma força de vendas a partir do zero, treinar uma equipe, construir uma marca e usar uma instalação para a capacitação, já que os resultados serão menos previsíveis por causa da volatilidade dos fatores macro, bem como das condições locais e da dinâmica da concorrência.

Outra diferença entre o Norte e o Sul deve ser levada em conta: os líderes do Sul podem ter falta de experiência no jogo do orçamento. As pessoas que trabalharam na empresa por um longo tempo em mercados bem estabelecidos estão mais capacitadas a influenciar os tomadores de decisão em virtude de sua proximidade com os gestores e da afinidade psicológica que é desenvolvida ao longo do tempo. Você, como líder, precisa estar ciente desses contratos psicológicos e saber quando intervir. Você também tem de garantir a continuidade na elaboração de orçamentos ano a ano. Financiar o Sul de maneira improvisada e intermitente é um desastre para reter os melhores talentos e ganhar mercado.

Como a alocação de recursos é uma tarefa detalhada, muitos líderes a odeiam. Eles pensam nisso como gestão, não como liderança. Mas é por meio desse exercício detalhado que os líderes moldam o comportamento e a psicologia da organização. Um processo top-down é mais rápido do que um processo bottom-up, e um plano de oito trimestres consecutivos é uma boa maneira de obter a flexibilidade necessária para se adaptar às novas condições. Os orçamentos podem ser ajustados trimestralmente.

Para estar alinhado com os objetivos de crescimento da empresa, as decisões sobre os gastos de capital também devem levar em conta as diferenças entre o Norte e o Sul. No Sul, esses gastos, em geral, são necessários para criar algo novo. No Norte, são geralmente direcionados para a manutenção e a expansão incremental.

COMO TER SUCESSO NA RUPTURA GLOBAL

Os rendimentos são normalmente mais elevados no Norte, e com um retorno mais rápido, apesar de um investimento no Sul poder afastar a empresa da concorrência ainda mais. A habilidade em determinar taxas mínimas de retorno sobre o investimento e os riscos envolvidos é fundamental. Diversos países e segmentos de mercado estão em distintas fases de desenvolvimento e são afetados de forma diferente pelo cenário macro. Um julgamento deficiente e uma aversão ao risco levarão o Norte a ficar com a parte do leão no capital de investimento. As pessoas continuarão fazendo o que estão fazendo. O comportamento organizacional e a distribuição do poder não mudarão.

Os fundos excedentes constituem outra ferramenta para moldar a mudança organizacional, algo que você pode ficar relutante em usar por causa da possível repercussão. Digamos que a certa altura do ciclo orçamentário, o chefe de uma unidade do país veja a necessidade de requerer mais dinheiro, fora de seu orçamento operacional, para manter uma empresa de consultoria e financiar viagens e outros custos associados à entrada em um novo mercado. Os orçamentos para as várias linhas globais de negócios já foram definidos. Agora, o CEO tem de decidir se quer dar ao chefe do país o adicional de US$ 50 milhões solicitados. Muitas matrizes não possuem a flexibilidade para se ajustar. Mas pode fazer sentido ter certa quantidade de "fundos de risco" disponíveis para ajudar os líderes locais a aproveitarem as oportunidades ou superarem os problemas quando eles operacionalizam a estratégia. Quando os líderes das unidades de negócio apresentaram seus planos de dois anos na sessão de planejamento de uma empresa, o chefe da filial na China manifestou sua intenção de recrutar parceiros, pois a construção de uma força de vendas a partir do zero era muito cara. Mas ficou claro, depois da discussão, que a montagem da força de vendas era a melhor alternativa. Percebendo que o orçamento para a China não permitiria isso, o presidente insistiu que o diretor da região Ásia-Pacífico mudasse as alocações acordadas.

3.
OS KPIS E A REMUNERAÇÃO REFLETEM AS MUDANÇAS QUE VOCÊ ESTÁ TENTANDO FAZER?

As mudanças no poder e no comportamento organizacional são reforçadas por meio de um feedback frequente e oportuno sobre o desempenho. Mesmo que você avalie o desempenho apenas anualmente, para fins de remuneração, você deve dar um feedback mais frequente. Algumas empresas fazem isso trimestralmente. Ao acompanhar o desempenho em relação às metas e aos KPIs, é importante lembrar que as condições no Sul mudam mais rapidamente e são muito menos previsíveis do que no Norte, e a variabilidade muitas vezes está além do controle do líder. Você não deve sacrificar a disciplina, mas tem de investigar as razões por trás de qualquer falha no alcance das metas. Vi uma situação na Índia, em que o orçamento do gerente da unidade situada no país e os KPIs ficaram obsoletos em poucos meses, porque as usinas de energia do país não podiam obter carvão e estavam funcionando com 30 a 40% da capacidade, fazendo que a produção da empresa caísse pouco a pouco. As taxas de juros subiram, bem como o serviço da dívida. As oscilações da moeda, um aumento ou queda da inflação, o aumento nos preços das commodities, todas essas coisas são comuns no Sul, e podem afetar a lucratividade da unidade, ao sair do controle da gestão. Outras coisas, no entanto, são gerenciáveis e mensuráveis, como o impacto na participação de mercado e os custos e metas de produtividade.

Reconhecer a realidade desses mercados tem um enorme efeito sobre o moral do líder, portanto, em sua capacidade de ter sucesso e na probabilidade de a empresa retê-lo. Quaisquer ajustes que forem feitos podem ser percebidos como injustos por outras pessoas na empresa, mas você não pode deixar que isso o impeça de fazê-los, se forem tidos como necessários. Você pode ter de tornar seu raciocínio explícito para todos.

Mais importante que o feedback sobre os fatores quantitativos é o retorno sobre elementos qualitativos, como o comportamento organizacional. É a oportunidade que você tem de desafiar diretamente e redirecionar as atitudes e as ações das pessoas. O departamento de tecnologia está compartilhando a experiência deles com o do Sul? O líder de um país no Sul tecendo as relações sociais certas para estabelecer relações com o governo? As pessoas no Norte e no Sul estão trabalhando juntas para descobrir uma filosofia de preços que funcione para capturar o mercado no Sul sem perturbar os clientes em outros países? As organizações globais devem ter processos simplificados e padronizados por toda a corporação, mas as pessoas não gostam de mudar os sistemas com os quais estão acostumadas. Será que elas estão comprometendo a determinação da companhia e drenando a energia ao resistir a essa mudança?

Dois tipos de comportamento merecem uma observação especial: colaboração e compartilhamento do poder. Por exemplo, você pode ver a colaboração na disposição de uma unidade global ou de um departamento da matriz para compartilhar especialistas e conhecimentos com as pessoas do Sul, mesmo que isso afete seu próprio orçamento. Quando a empresa detém uma tecnologia sofisticada e acumula uma enorme base de conhecimento implícito na matriz, que deve ser aproveitada pelos mercados locais, as fases dessa transferência de tecnologia devem ser mapeadas. Se a demanda por recursos crescer demais ou a transferência de know-how for controversa por motivos legítimos, a solução colaborativa é buscar o auxílio do pessoal sênior, em vez de simplesmente recusar os pedidos de ajuda. Apenas os concorrentes podem se beneficiar quando se deixa o assunto ferver em fogo baixo.

A partilha de poder é observável quando, por exemplo, um líder permite que a tomada de decisão ocorra no Sul. Se isso não estiver acontecendo, podemos questionar por que o líder não conseguiu transferir as decisões para aqueles que estão mais próximos ao mercado. Talvez a competência local ainda não esteja suficientemente qualificada, mas também é possível que o líder simplesmente tenha um bloqueio psicológico. Tal comportamento defensivo é precisamente o que impede muitas empresas de se moverem mais rápido e melhor. Isso não pode continuar sem controle.

Um fator adicional a ser observado no Sul são os valores: a pessoa está respeitando os valores corporativos e cumprindo o código de conduta da empresa? O respeito ao que foi estabelecido é uma necessidade, não uma escolha. As visitas ao local dão a oportunidade de observar e acumular provas para tornar suas avaliações significativas e precisas.

4.
ONDE ESTÃO OS BLOQUEIOS NO FLUXO DE KNOW-HOW, TECNOLOGIA E EXPERTISE?

O dinheiro é feito e o talento é testado nas atividades de negócio diárias, oportunidade em que as estratégias são ou não implementadas e a direção é ou não exercida. É nelas que os atrasos podem impedi-lo de cumprir seus objetivos no Sul, como vencer um contrato importante com o qual os investidores estão contando. Os líderes não podem intervir sempre que as pessoas discordam ou falham em cooperar, mas devem conhecer o sistema social da organização para identificar bloqueios — como a falta de experiência ou líderes inflexíveis cuidando dos recursos — e assegurar a existência de mecanismos de resolução de conflitos para lidar com eles. Esses mecanismos podem ser tão simples quanto uma teleconferência mensal presidida por um executivo de alto nível.

A maioria das organizações está estruturada em torno de uma matriz, quer seja ou não rotulada como tal. A estrutura matricial deve aproveitar a escala da empresa e, ao mesmo tempo, identificar os pontos de ancoragem para atribuir a responsabilidade pelos resultados financeiros a níveis mais baixos. Os encarregados dos resultados financeiros integram vários fatores e tomam decisões para entregar o resultado de um negócio, tal como atingir metas de receita ou objetivos de participação de mercado, gerar dinheiro ou ganhar certo retorno sobre os ativos. As pessoas nos pontos de ancoragem têm responsabilidade, mas não uma autoridade tradicional de comando e controle nem recursos orçamentários. Essas pessoas não podem pedir aos que não se reportam a elas para fazer as coisas, mas podem garantir que os números acordados sejam alcançados.

Em uma estrutura matricial, um gerente de nível médio geralmente acaba reportando-se a dois ou mais chefes. Uma pessoa do financeiro em Cingapura, por exemplo, reporta-se ao seu chefe local e também a um gerente de finanças na matriz, que, por sua vez, reporta-se ao seu diretor financeiro.

A pessoa do financeiro em Cingapura tem de obter aprovações e recursos de duas cadeias de comando. O financeiro na matriz deve decidir como alocar recursos entre as várias pessoas que se reportam a ela, e todas provavelmente têm justificativas convincentes. O resultado é que os pedidos de recursos podem passar por filtros que distorcem o negócio, ainda que não intencionalmente, e as decisões frequentemente são adiadas. Isso pode tornar-se uma desvantagem competitiva em relação a um concorrente local de grande escala financeiramente bem calçado e com espírito empreendedor.

Aqueles que estão na matriz distribuindo apoio e escalando especialistas precisam cumprir com seus próprios KPIs, que na maioria das empresas são fixados anualmente e, portanto, não podem acomodar um aumento repentino da demanda do Sul. Se eles derem ao Sul o que está sendo pedido, outra unidade terá menos. Os tomadores de decisão sentirão a tensão da matriz, assim como os vários gestores financeiros, que não têm controle direto sobre alguns dos recursos que precisam produzir os resultados.

A competição por recursos escassos é uma realidade. A necessidade mais importante no Sul geralmente é expertise — engenheiros, pessoal de manutenção, especialistas no processo de fabricação, jurídico e compliance, recursos humanos. É uma queixa comum que, ainda que os líderes do Sul precisem contratar talentos para fazer a empresa crescer, aqueles que desempenham essas funções ou chefiam esses departamentos ouvem de seus chefes a mensagem alta e clara: "Você não pode aumentar o número de funcionários". Assim, enquanto a matriz espera que os líderes do Sul ampliem o negócio, estes sentem que não têm recursos humanos suficientes para alcançar essa meta. Não ajuda o fato de que, por razões culturais, os líderes no Sul podem não ser tão incisivos ou explícitos em sua defesa. Um gerente nacional expressou a pressão que ele sentia assim: "O CEO continua a aumentar as exigências sobre mim, mas meu pessoal é limitado. Sinto-me muito pressionado".

A contratação de profissionais experientes é o dilema com o qual quase todas as empresas se deparam quando tentam preservar ou ampliar sua presença no Norte, enquanto tateiam os mercados em crescimento do Sul. Os profissionais altamente especializados, como aqueles que atuam em uma área específica de tecnologia de processo ou em legislação, são particularmente preciosos. A má alocação de seu tempo pode causar gargalos sérios no crescimento. Você tem de detectar os gargalos, sejam eles organizacionais (muita demanda sobre profissionais especializados em um contexto de contratações proibidas), sejam comportamentais (em razão do medo ou da insegurança). Alguns gerentes de nível médio acreditam que, transferindo know-how para o Sul, eles estarão construindo seu próprio concorrente e seu trabalho será eliminado em algum ponto. Isso é especialmente preocupante para pessoas na casa dos 50 anos, que podem achar que estão sendo exploradas. Questões de respeito e confiança nos líderes do Sul, e a confiabilidade nas informações também entram em jogo. É preciso tempo para confiar no julgamento e nas percepções de alguém; nesse ínterim, seus pedidos podem ter menos peso psicológico. É comum, também, que as pessoas do Norte questionem se os líderes da empresa em outros países estão tão comprometidos quanto elas estão com a empresa como um todo. Qualquer dúvida cria resistência subconsciente à colaboração e ao compartilhamento.

Como você descobre os bloqueios? Normalmente, esses bloqueios são óbvios para as pessoas que ocupam posições intermediárias, que convivem com as tensões e frustrações que deles decorrem. Um modo de os líderes detectá-los é por meio de uma pesquisa de tendência, um questionário que ouve aqueles que fazem, não apenas aqueles que falam. Essas pesquisas são geralmente feitas por uma terceira parte, através de entrevistas nas quais as pessoas podem fazer sua voz ser ouvida. Perguntas sobre o fluxo de informações, velocidade na tomada de decisão, filtros formais e informais podem indicar pontos problemáticos em um negócio ou entre as pessoas nas unidades locais e globais. Se a pesquisa mostrar que alguns se recusam a mudar, você pode tornar heróis aqueles que estão na liderança. O ideal, é manter a pesquisa consistente para poder monitorar o progresso ao longo do tempo.

Uma segunda maneira de detectar e lidar com obstáculos organizacionais ou comportamentais é por meio de um mecanismo social, como uma reunião — telefônica ou de outro tipo —, pelo menos a cada seis semanas, com as pessoas que precisam colaborar de uma forma ou de outra. O CEO da GE, Jeff Immelt, conduz esse tipo de reunião a cada seis semanas; o CEO da P&G, Bob McDonald, faz uma reunião mensal; e o CEO da Ford, Alan Mulally, realiza uma a cada semana.

É crucial fazer as perguntas certas nessas reuniões. Os líderes precisam saber que a mudança organizacional está caminhando na velocidade certa e que a empresa está ganhando nas áreas visadas — e caso contrário, o motivo por que não está havendo sucesso. Abrir com uma pergunta básica, do tipo "Como estamos na captação de clientes?", abre imediatamente a porta para discutir a necessidade de as pessoas mais experientes da matriz ajudarem os principais tomadores de decisão no ponto de venda ou expressarem preocupações sobre compliance ao redigir contratos. Da mesma forma, perguntar "O que está acontecendo em nosso projeto de alta prioridade?", cria a oportunidade de ouvir que os técnicos ainda não foram transferidos. A solução desse problema — e, portanto, as mudanças no comportamento organizacional, poder e recursos — pode acontecer ali mesmo. Os líderes descobrirão mais facilmente os gargalos fazendo a lição de casa, especulando quais poderiam ser os problemas contenciosos, colocando-os em pauta. Determinar, dentro do grupo, quem deve fazer o que, em seguida, torna visíveis as soluções e a prestação de contas para todos. Então, é uma questão de acompanhar o andamento das coisas seis semanas mais tarde, se não antes.

Um subproduto salutar desse mecanismo é que ele constrói uma cultura comum. A frequência das discussões cria um ambiente mais informal. As pessoas se conhecem, o que é propício para a franqueza e a colaboração, e eles veem quais valores e comportamentos são reforçados. Esse mecanismo é, de fato, uma das maneiras mais rápidas de criar uma mudança no poder, nos recursos e no comportamento organizacional.

5.
AS PESSOAS, SEU ORÇAMENTO E SUAS REVISÕES DO NEGÓCIO ESTÃO LHE AJUDANDO A FAZER A MUDANÇA?

Eu lhe dei uma ideia dos problemas e dos dilemas enfrentados quando você tenta mobilizar uma grande organização para vencer na ruptura global. O tempo é limitado; portanto, certifique-se de que você está recebendo o melhor retorno. Mecanismos sociais como reuniões a cada seis semanas são ótimos ampliadores de suas competências. Devidamente projetados e implementados, eles podem conduzir a uma mudança organizacional e, ao mesmo tempo, garantir a entrega dos números trimestrais. Revisões operacionais mensais de uma unidade ou função; revisões financeiras trimestrais; estratégia anual, talento ou revisões de compliance; e sessões de discussão do orçamento — todos são mecanismos sociais, reuniões recorrentes de um conjunto de pessoas de diferentes departamentos da organização. Para simplificar, vamos chamá-las de revisões.

Toda empresa tem uma compilação própria dessas revisões, que consomem uma quantidade enorme de tempo e energia mental. Um CEO pode passar mais de um terço de seu tempo tratando delas e os líderes em toda a empresa normalmente gastam 40% do seu tempo

COMO TER SUCESSO NA RUPTURA GLOBAL

preparando-se para elas, participando delas e agindo sobre os itens que resultam delas. Tendo em conta que já são uma peça central da gestão do negócio, faz sentido usá-las para deslocar o poder, mudar a alocação de recursos e remodelar o comportamento organizacional. Usar as revisões em todo seu potencial é uma habilidade que pode ser aperfeiçoada e irá melhorar o retorno do seu escasso tempo.

Aqui estão as diretrizes para transformar as revisões em ferramentas para fazer a mudança organizacional.

Inclua mais pessoas do Sul. A composição de pessoas, na maioria das revisões, não reflete a nova realidade dessas empresas. Os líderes das áreas de grande crescimento devem estar presentes porque grande parte do valor das revisões está no lado social. A intensidade da discussão sobre os problemas do negócio obriga as pessoas a se conectar socialmente, bem como intelectualmente. O segredo é dar voz às pessoas —sobretudo àquelas que, por razões culturais ou de idioma, podem hesitar em participar —, para que os dilemas e as questões contenciosas entre os do Norte e os do Sul venham à tona. Alguns líderes viajam para vários países para conduzir avaliações dos líderes locais, uma prática que demonstra a importância dessas pessoas e é uma grande oportunidade para aprender mais sobre o contexto local.

Use as revisões para aprender e observar. Elas são uma ótima oportunidade para observar o comportamento de indivíduos e grupos. Você verá se as mudanças desejadas estão ocorrendo. As pessoas do Norte estão investindo bastante tempo no Sul para entenderem as condições locais? As pessoas estão realmente alinhadas em relação ao propósito, aos objetivos e às prioridades? Quando você está atento a essas coisas nas revisões orçamentárias e operacionais, elas são realmente muito fáceis de detectar. Você também aprenderá muito sobre as pessoas. Verá quem assume os riscos — incluindo aqueles que podem estar assumindo um risco muito grande — e quem não está sendo corajoso o suficiente ou mudando suas prioridades e seu foco. Você pode descobrir que as aprovações do Norte, para os assuntos do Sul, estão demorando muito e descobrir quem está atrapalhando e quem está colaborando.

Supondo que as perguntas e as discussões sejam tão profundas como deveriam, as revisões serão de grande ajuda para conhecer melhor as condições locais e ver o quadro global por meio de outros olhos.

Transforme as apresentações em diálogo. Muitas revisões têm uma falha comum: uma hora e 50 minutos gastos em uma apresentação em PowerPoint, dez minutos reservados para a discussão. Isso tem de mudar. As revisões são mais eficazes na mudança de comportamento quando o grupo se envolve na discussão e no debate, guiado pelo líder. As apresentações devem ser limitadas a talvez 15 minutos e os itens que precisam de discussão devem estar listados em um slide logo no início.

Crie vínculos. Procure maneiras de conectar o conteúdo de uma revisão ao de outra. Por exemplo, se você descobre em uma revisão operacional que um líder no Sul precisa de mais talento técnico, examine o problema com as pessoas que exercem influência. O chefe de engenharia está fornecendo as pessoas certas para o Sul? O RH está permitindo flexibilidade suficiente na remuneração para recrutar o tipo certo de pessoas?

Dê feedback. Acompanhe cada revisão dando feedback para os indivíduos em tempo real. Sua intervenção terá um efeito poderoso sobre o comportamento e a disposição deles para fazer mudanças muitas vezes dolorosas no poder e nos recursos. Recapitule os principais pontos da discussão e diga-lhes do que você gostou. Considere quais suposições devem ser mudadas e não coloque obstáculo sobre aquilo que eles podem fazer melhor. Não deixe que os comportamentos "bloqueadores" passem em branco.

6.
DECISÕES CRÍTICAS ESTÃO SENDO TOMADAS DA MANEIRA CERTA?

Você pode ser claro sobre a direção e os objetivos da estratégia mais ampla — por exemplo, obter um percentual de aumento nas receitas do Sul — mas, a menos que consiga tomar boas decisões em tempo hábil, a organização não será capaz de alcançá-los. Portanto, você precisa repensar quais decisões precisam ser tomadas na matriz, no nível regional ou local, e quais exigirão a tomada de decisão ou colaboração e negociação. Isole suas decisões críticas e repense as razões para tomá-las na matriz. Um exemplo típico é o desenvolvimento de um produto global, quando o país com mais vendas tem uma desaceleração do crescimento, enquanto a concorrência de países com baixo custo é intensa. Cada um dos três países críticos está pedindo uma personalização substancial. Todo o desenvolvimento do produto deve ocorrer em um desses três países?

A falta de confiança nos líderes locais é uma questão à parte que você precisará abordar. Mas suponha que você tenha líderes fortes no local. É provável que veja razões para aumentar o poder de decisão das pessoas locais no Sul. Esta é uma das coisas mais difíceis de mudar, porque as pessoas na matriz sentem que o poder delas está sendo diminuído ou os riscos envolvidos são muito altos, uma vez que a tomada de decisão tem consequências globais e é altamente influenciada por líderes — alocados em lugares distantes — que aqueles da matriz mal conhecem. O teste decisivo é saber se seus líderes locais podem usar o poder da escala ou do escopo quando tomam decisões tão rapidamente quanto o concorrente local mais forte.

De nada adianta contar uma ótima estratégia se os tomadores de decisão que a operacionalizarem ou executarem não forem tão bons quanto ela, e o conhecimento profundo do contexto local é crucial. Vejamos, por exemplo, o caso de um fabricante de dispositivos médicos que era o número cinco na sua indústria no nível global e colocou os olhos no mercado chinês. Era tarde para entrar nesse mercado. Embora o estrategista na matriz tivesse visitado o país várias vezes e feito planos de expansão ambiciosos, sua experiência na China era limitada e a empresa não tinha líderes locais na região para orientá-lo. Ele decidiu que a melhor maneira de entrar no mercado seria pela venda através de distribuidores. Ele apresentou a ideia para o conselho e — por acaso — um dos membros era um experiente empresário chinês. O empresário perguntou se não seria melhor montar a própria força de vendas. Embora isso possa ser lento e custe mais dinheiro, ele argumentou, seu valor é duradouro. Ele explicou seu raciocínio: a China está muito atrasada no uso e na manutenção de equipamentos médicos sofisticados, e os equipamentos devem ser demonstrados. Preparar sua própria força de vendas e equipe de serviços daria à empresa uma vantagem competitiva de longo prazo. A matriz concordou e aumentou o orçamento para desenvolver a força de vendas e os serviços, uma abordagem que está se provando bem-sucedida. Sem seu conhecimento profundo do cenário local, a empresa teria fracassado em sua incursão na China.

A extensão da autoridade da pessoa local tem de ser definida. De quais aprovações ela precisa? Há vários fatores que os líderes locais devem dominar:

Contratação e remuneração. Os líderes locais devem ser capazes de contratar e fixar a remuneração das pessoas-chave para se adequar às condições locais, sem precisar de aprovações pontuais por parte da matriz. O líder local pode receber uma faixa ou um limite dentro do qual operar, mas só depois de o RH da empresa ter tido tempo para conhecer as condições locais. Por causa da concorrência acirrada e dos elevados aumentos de salário em alguns lugares, essa faixa pode ser ajustada com mais frequência do que o RH da empresa está acostumado, o que pode acarretar algum descontentamento em razão de as pessoas do Norte não estarem recebendo as mesmas "regalias". Mas quando o talento é escasso, baixos salários e demora em fazer ofertas podem significar perder os melhores candidatos. A matriz pode estar preocupada com o fato de que os líderes locais estão se afastando, mas é aí que a confiança na sua competência e julgamento entra em jogo. O RH deve fazer seu dever de casa, investindo tempo para visitar as operações locais, apreendendo as condições e conhecendo os líderes de lá. Dar o controle da contratação e da remuneração a líderes locais não deve impedir que pessoas da matriz se envolvam com a empresa, como na seleção de candidatos. Desenvolver a confiança mútua enquanto se permite que o líder local dê a palavra final abre caminho para as melhores decisões.

Adapte a estratégia. Os líderes locais devem ter alguma margem de manobra na adaptação da estratégia, a partir de suas condições, e para decidir a forma de executá-la. Por exemplo, se a empresa possui três linhas de produtos, os líderes devem decidir quais enfatizar ou expandir mais rapidamente, com base na dinâmica competitiva e na fase de desenvolvimento em que o mercado local está. Tal delegação de poder é problemática para a maioria das organizações matriciais. É preciso que haja um consenso sobre qual combinação faz mais sentido a longo prazo, permitindo a flexibilidade dos líderes locais na execução diária.

As decisões sobre expandir-se por meio de aquisições, joint ventures ou instalações novas são complicadas, mas particularmente na área de parcerias e aquisições, os locais precisam ser capazes de agir em um jogo de movimento rápido. Deve ficar claro que se espera que eles busquem expertise na matriz e em todas as empresas de consultoria ou banqueiros de investimento que a empresa mantêm, mas, em última análise, eles estão na melhor posição para saber quais alvos buscar. Eles e a matriz devem concordar com antecedência sobre a escala das aquisições e parcerias que são de sua competência. Os acordos legais também devem ser feitos de forma colaborativa.

Preços. Os líderes que estão perto da base têm a melhor visão da dinâmica competitiva local e devem ter o poder de lidar com ela dentro de diretrizes gerais. Eles podem enfrentar um concorrente de baixo custo que não compete de igual para igual em outro lugar ou seus concorrentes locais podem ter uma estrutura de custos diferente. Os preços podem ser mais ou menos agressivos que em outros lugares, pelo menos temporariamente, para entender o mercado ou para conseguir o mesmo posicionamento de mercado.

Uma das diretrizes limitadoras pode ser a necessidade de vincular as decisões de preços locais com os de outros lugares. Neste mundo transparente, você não pode ter anomalias significativas de um país para outro, especialmente quando os clientes são as próprias multi-

MUDANÇA DE PODER, RECURSOS E COMPORTAMENTO ORGANIZACIONAL

nacionais. Não é apenas o preço absoluto, é a estrutura de preços — a duração dos termos, o mix de produtos e serviços, e outros tipos de apoio, como o financiamento. Esses fatores podem mudar, mesmo que o preço não varie.

Para alguns tipos de decisão, a mudança importante está na obtenção de informações no Sul antes de prosseguir. Muitos produtos e ofertas de serviços são parcialmente padronizados e o resto é personalizado para o mercado local. Os produtos técnicos são muitas vezes baseados em "plataformas" comuns. Determinar as especificações que serão aplicadas em todo o mundo ou região é uma tarefa muito difícil que exige equilibrar as contribuições de vários países. Muitas vezes, as decisões são dirigidas por pessoas do Norte que fazem seus julgamentos com base em um conjunto restrito de necessidades e faixas de preço (*price points*). O problema é agravado se as pessoas no Sul não têm prática na defesa de seu ponto de vista ou na apresentação de dados. Outro conflito ainda pode surgir porque o mercado no Sul talvez ainda esteja em desenvolvimento e, portanto, não pareceria urgente para os gestores da empresa no Norte dar-lhes a atenção que está sendo demandada. Os relacionamentos também entram em jogo.

Os mecanismos de apoio dessas decisões podem ter de mudar. Por exemplo, os líderes da unidade do produto podem precisar conversar mais frequentemente com os líderes do Sul. Como acontece com qualquer mecanismo social, um contato frequente constrói relacionamentos e ajuda a fazer as informações e as ideias fluírem melhor. Independentemente de quem toma a decisão final, a colaboração irá melhorar o resultado.

Onde abordar primeiro a mudança radical — se na estrutura organizacional ou no sistema social —, é uma escolha que os líderes têm de fazer. Minha opinião é que a condução da mudança no sistema social de sua organização, objetivando atingir um melhor equilíbrio entre o Norte e o Sul, irá levá-lo à estrutura organizacional correta. Provavelmente, será exclusiva para sua situação. O processo de responder às perguntas deste capítulo irá dizer-lhe quais ações você precisa adotar agora, inclusive mudar alguns de seus próprios hábitos, tais como o modo de conduzir as revisões.

As modificações que você decidir fazer, em qualquer sequência, provavelmente parecerão factíveis e conduzirão a grandes mudanças organizacionais. Quando ocorrerem, a próxima linha de ação surgirá e, por fim, você estará pronto para enfrentar a estrutura organizacional. Quando você mudar o conteúdo e a composição das revisões, por exemplo, poderá ver que estão ocorrendo bloqueios por causa de um número excessivo de camadas de informação ou filtros de informação. Você pode querer eliminar algumas camadas que são filtros em vez de criadores de valor. Você pode ver que a complexidade de ter, digamos, 200 gerentes nacionais está prejudicando as comunicações e o desenvolvimento de novos produtos.

Uma solução consiste em reduzir a área geográfica. Outra poderia ser estrutural: Organizar alguns países em grupos ou regiões e criar novos meios de colaboração por meio de ferramentas digitais. Você conhecerá melhor seus líderes e, talvez, alguns que se destaquem. Para retê-los e aproveitar suas habilidades, você poderá querer promovê-los, o que sugere mudar ou aprimorar as relações hierárquicas. Em qualquer caso, as mudanças no poder, na distribuição de recursos e no comportamento organizacional tornarão sua empresa mais apta a competir no mundo em constante mudança de hoje e tornará as modificações na estrutura organizacional menos ameaçadoras.

CAPÍTULO SETE

EMPRESAS DO NORTE NO FRONT

APOSTANDO NO CRESCIMENTO DO MERCADO

Uma avaliação de fora para dentro e a partir do futuro das oportunidades de crescimento quase sempre aponta para os mercados do Sul, mas como você deve fazer para entrar neles? Você não quer dispersar recursos escassos (como aconteceu com a P&G antes de ela decidir operar em menos mercados) ou comprometê-los cedo demais, e tampouco quer comprometer sua vantagem tecnológica, compartilhando-a com clientes ou parceiros que podem ter objetivos diferentes — assim como os governos. Como nem sempre se pode ter o que se deseja em um mundo imperfeito, o realismo e o pragmatismo devem governar suas decisões sobre onde competir, como competir e mesmo quando competir.

O realismo vem da precisão de suas informações e da percepção. A visão de mundo de fora para dentro e a partir do futuro nem sempre produz uma imagem bela para os líderes do Norte. Às vezes, ela o obriga a aceitar que os concorrentes têm ventos a favor que não o beneficiam, que as paredes entre as indústrias estão caindo ou que você está no caminho de perder o controle de um produto do qual depende. Com coragem, você pode transformar realidades tão duras em vantagem, fazendo movimentos ousados.

COMO TER SUCESSO NA RUPTURA GLOBAL

Foi isso que os líderes da Borealis fizeram. A empresa de US$ 9 bilhões, com matriz em Viena, Áustria, com grande capital e operações no Oriente Médio, é um dos maiores fabricantes mundiais de polipropileno e polietileno. Sua evolução nos últimos 15 anos foi moldada pela leitura de duas realidades: uma mudança no controle de insumos críticos e a tendência competitiva para a integração vertical da indústria. A partir de suas raízes em uma paisagem petroquímica europeia fragmentada, a empresa tornou-se uma potência global, principalmente porque tomou as medidas dolorosas, mas necessárias, que garantiram sua sobrevivência em face do poder crescente das empresas que controlavam os recursos dos quais ela dependia.

Muitas empresas de bens de consumo conhecidas vêm vendendo seus produtos no Sul há décadas — Nestlé, Unilever, Coca-Cola e Colgate, por exemplo. Eles começaram cedo e cresceram lentamente enquanto construíam suas marcas e redes de distribuição. Fabricantes de bens de luxo como Burberry, Prada e Louis Vuitton esperaram que uma massa crítica de consumidores privilegiados surgisse antes de estabelecer pontos de venda para suas marcas globais. Mas alguns negócios industriais, aqueles que vendem seus produtos e serviços para outras empresas, estão tomando um rumo diferente para ganhar uma vantagem competitiva duradoura no Sul. O que funciona para esses negócios é uma abordagem "primeiro as pessoas, depois o investimento na infraestrutura", na qual desenvolvem a perícia local antes de buscar o crescimento do mercado e, assim, estabelecem as bases para expandir-se com a economia local.[1] Os gestores identificam os mercados onde o crescimento tem probabilidade de decolar e formam a base de pessoas locais com a contratação de um grupo de líderes e especialistas técnicos locais, desenvolvendo suas habilidades e assimilando-as na cultura da empresa, e construindo relacionamentos com os fabricantes regionais, que são a futura base de clientes.

A estreita ligação com o pessoal técnico do cliente é estabelecida desde o início e aprofunda-se com o tempo. A confiança desenvolvida permite que a empresa conecte-se com os processos do cliente e aponte

EMPRESAS DO NORTE NO FRONT

novas oportunidades, que muitas vezes são de alto valor e têm uma alta margem de lucro. Quando a economia decola, o grupo central de especialistas é ampliado; os laboratórios de pesquisa e a produção acompanham o ritmo, e a empresa cresce junto com seus clientes industriais. Os retardatários acham difícil competir contra essa vantagem competitiva de longo prazo. A 3M e a Delphi estão entre as empresas B2B que se comprometeram com os mercados antes de buscar o crescimento.

Comprometer-se com os mercados no início não resulta da falta de visão ou de demasiada ambição. Isso exige investimentos de longo prazo e, igualmente importante, grande atenção gerencial dos líderes nos mercados emergentes.

Outras empresas acabaram considerando a parceria como a melhor maneira de seguir em frente. Parcerias e relações com fornecedores Norte-Sul são elementos básicos da paisagem moderna dos negócios. Muitas empresas do Norte — montadoras, fabricantes de PC e os fabricantes de produtos farmacêuticos, eletroeletrônicos, trens de alta velocidade e até indústrias de vidro — entraram nesses tipos de arranjo em busca dos custos mais baixos e do crescimento com mais receita do Sul. Os parceiros locais podem fornecer importantes competências necessárias para ter sucesso nesses ambientes desconhecidos, onde seguir sozinho pode ser um campo minado ou uma perda de tempo.

A decisão pode ficar complicada em alguns mercados. China, Índia e Malásia, entre outros, limitam a participação acionária de empresas estrangeiras que abrem filiais lá, pelo menos em algumas indústrias. O problema surge quando a empresa do Norte deve transferir tecnologia e know-how para sua parceira. Para as empresas cuja vantagem competitiva é baseada em profundo conhecimento e tecnologia patenteada, a perspectiva de partilha, colaboração e parceria torna-se, então, um cálculo diferente: O parceiro assimilará a tecnologia e o know-how e se tornará um concorrente direto? É uma preocupação frequente na China, que gosta de visar indústrias de crescimento atraentes, utilizar seu tamanho de mercado para atrair empresas que possuem a experiência necessária, insistir que as empresas estabeleçam parcerias com

COMO TER SUCESSO NA RUPTURA GLOBAL

companhias chinesas, e então usar o know-how adquirido com a parceria para competir futuramente com os ex-parceiros. Esse tem sido o padrão na indústria automobilística e de trens de alta velocidade.

Se a criação de um futuro concorrente é a cruz, conceder mercados em crescimento para os concorrentes existentes é a espada. Algumas empresas do Norte estão dispostas a se colocar nessa situação difícil, apostando que seu futuro será mais — e não menos — seguro juntando forças com um jogador, mesmo que algum dia este possa se voltar contra eles. Conscientes dos riscos e sabedores dos fracassos anteriores, eles confiam em sua capacidade de escolhê-los e gerenciá-los para seguirem em frente. Dependendo do acesso ao mercado, tecnologia e insumos necessários, a questão relevante pode não ser a de colaborar ou forjar uma ligação perigosa, mas como fazê-la funcionar bem para você. As empresas bem-sucedidas nisso podem superar a competição. Os pragmáticos que estão dispostos a ceder parte do controle e comprometer-se a encontrar formas de diferenciar continuamente seus negócios estão moldando o presente e, talvez, conquistando o futuro. Esta é a conclusão a que a GE chegou quando formou uma joint venture com a China para explorar o mercado de aviação emergente da Ásia.

Deixe-me descrever o dilema enfrentado pela GE, a ameaça que a Borealis viu e as bases que a 3M estabeleceu como exemplos do modo como as empresas do Norte podem navegar com sucesso pela ruptura e não ser derrotadas por ela.

A LÓGICA DA PARCERIA DESAFIADORA DA GE

Algumas empresas do Norte entram nas parcerias sabendo muito bem que deverão compartilhar sua tecnologia e know-how e, que um dia, o parceiro poderá usar esses mesmos recursos para competir com elas. O que parece ser um pacto com o diabo é na realidade um risco calculado. Em alguns casos, essa parceria é o caminho mais seguro para permanecer no jogo, especialmente quando a falta de ação

EMPRESAS DO NORTE NO FRONT

relegaria a empresa ao baixo crescimento e a deixaria vulnerável aos outros jogadores que poderiam tomar o negócio. Como os parceiros unem seus conhecimentos, recursos e acesso aos clientes, ambos os lados se beneficiam. O risco é que os termos mudarão em algum ponto no futuro — isso já aconteceu no passado — ou que o parceiro permitirá que sua perícia no negócio flua para outras organizações. A decisão é sempre dura, também porque chega a ser pessoal. As pessoas sentem que seus empregos estão em jogo. O lento crescimento dos postos de trabalho no Norte, combinado com a ênfase das empresas do Norte na expansão global, cria uma mistura tóxica de medo e ansiedade que imobiliza muitos líderes. A resposta "certa" para um negócio em particular está no melhor julgamento sobre as ações e reações da concorrência, os ganhos e as perdas potenciais, e o que o governo fará no futuro.

Entre as parcerias mais sensíveis estão aquelas realizadas nas indústrias que a China visou como estratégicas. Um grande exemplo de tais parcerias é a da GE, que em 2011 formou uma joint venture com a Aviation Industry Corporation of China (AVIC), uma empresa estatal, para participar de uma licitação em aviônica, ou sistemas de controle eletrônico de aviões, para o C919, um avião de fuselagem estreita que a China está desenvolvendo. O Departamento de Defesa dos Estados Unidos aprovou a joint venture com a AVIC, mas o acordo ainda levantou preocupações sobre se a GE estava buscando seu próprio sucesso à custa de seu país de origem. A manchete do *Wall Street Journal*, em setembro de 2011, era: "A joint venture com a China é boa para a GE, mas é boa para os Estados Unidos?".[2] As preocupações estavam em dois campos: se acordo significaria que os Estados Unidos perderiam empregos para a China; e se a GE teria sua competitividade ameaçada cedendo sua tecnologia de ponta. Mas, havia outra maneira de ver: se a GE não conseguisse uma parceria com os chineses, acabaria cedendo o mercado — e perderia sua escala relativa — para concorrentes não americanos, prejudicando a empresa e a economia dos Estados Unidos a longo prazo? A decisão da GE de realizar uma parceria com os chineses é um exemplo das escolhas difíceis que alguns líderes estão fazendo com uma visão clara, de fora para dentro e a partir do futuro — cujo resultado é algo impossível de prever.

A indústria aeronáutica é complexa, sofisticada, altamente interconectada e está começando a demonstrar o mesmo deslocamento do poder econômico global do Norte para o Sul. Em 2012, o mercado de aeronaves civis de grande porte (aquelas que carregam centenas de passageiros em longas distâncias) era dominado por duas empresas: Boeing e Airbus. A dificuldade e o custo da produção de aviões de grande porte, e a importância de um registro de segurança levantam enormes barreiras à entrada. Para os jatos regionais, a maioria dos quais tem menos de cem assentos e voa distâncias mais curtas, a Embraer, do Brasil, e a Bombardier, do Canadá, são líderes de mercado. Ambas as empresas cresceram muito com o aumento do tráfego aéreo regional na década de 1990.

Agora, com o deslocamento do crescimento econômico global, há um aumento no tráfego aéreo e uma concomitante ampliação da demanda por aviões comerciais no Sul. A cada ano, desde 1964, a Boeing tem preparado um "panorama do mercado atual", no qual projeta a demanda por aviões grandes, de uma ou duas coxias, e jatos regionais, para os próximos 20 anos. Ela divulga essas informações "para ajudar as companhias aéreas, fornecedores e comunidade financeira a tomarem decisões mais balizadas". De acordo com seu relatório de 2012, o número de aviões no mundo praticamente dobrará até 2030. As entregas de novos aviões totalizarão 33.500 unidades no período de 20 anos, com um valor de US$ 4 trilhões. (A Airbus faz uma previsão semelhante, que para o mesmo período de tempo, é apenas ligeiramente mais baixa.) Os Estados Unidos serão o maior mercado, principalmente para substituir as aeronaves existentes, e a China será o segundo. A região da Ásia-Pacífico terá 11.450 novos aviões, avaliados em US$ 1,5 trilhão. A maior demanda por aviões de grande porte será da Ásia e a maior demanda global será para aviões com uma coxia (fuselagem estreita), por causa de seu custo-benefício.[3]

Os fabricantes estabelecidos de aeronaves e sua extensa rede de fornecedores estão ansiosos por participar desse crescimento, mas tam-

EMPRESAS DO NORTE NO FRONT

bém há alguns novos concorrentes, a saber, os de países como Rússia, Japão e China — que estão juntando-se à complexa teia de fornecedores e parcerias que caracterizam a indústria, utilizando a tecnologia e know-how existentes para desenvolver a sua própria.

Aviões grandes são máquinas extremamente complicadas, que integram centenas de milhares de peças, desde partes da fuselagem até motores para vários sistemas eletrônicos de controle — e todas devem funcionar juntas. No seu livro, *China Airborne*, James Fallows descreve apenas um desafio, o da integração do cockpit: "Isso seria como projetar um software sofisticadíssimo — para um computador que deve, simultaneamente, monitorar e controlar usinas de energia de alta temperatura, operar e testar sistemas elétricos com milhares de conectores e muitos quilômetros de cabo, dar aos pilotos os dados que eles precisam para controlar um veículo que pode pesar toneladas e viajar a uma velocidade próxima à do som, e executar inúmeras outras funções, todas com redundância tripla ou mais, e com o potencial constante de ter de mudar para o modo de emergência".[4]

Os fornecedores são numerosos e especializados, e muitas vezes trabalham em estreita colaboração com outras empresas para inovar, coordenar e partilhar custos. Às vezes, eles formam joint ventures; outras, terceirizam suas atividades para empresas menores. Quando, no início de 2000, a Rússia começou a trabalhar no Superjet 100, um jato de 75 a 100 passageiros, com o qual esperava enfraquecer a Embraer e a Bombardier no preço, ela chamou a Boeing para colaborar. (A Boeing já empregou 1.200 engenheiros russos em seu centro de design em Moscou.) As peças vinham de muitas fontes fora da Rússia: motores da Snecma, eletrônica da Thales, freios da Goodrich. Um "sistema de aviação ativo" inovador para avisar os pilotos sobre emergências foi desenvolvido em conjunto por russos (Central Aerohydrodynamic Institute e a Sukhoi) e alemães (Liebherr Aerospace) e outras peças vieram da Honeywell, Curtiss-Wright, Parker Hannifin e Messier-Bugatti-Dowty.

Com o lançamento do Superjet 100 em serviço comercial, em 2011, a consolidação das empresas líderes de aeronaves da Rússia sob um nome geral, United Aviation Corporation (UAC), a infusão de US$ 10 bilhões de capital inicial na UAC e a existência de outros programas de desenvolvimento de jatos regionais em curso, a Rússia deixou claro que entrou no jogo da aviação para ficar. O Japão também está aumentando seu papel na aviação. Os pesos-pesados japoneses Mitsubishi Heavy Industries, Ishikawajima-Harima, Kawasaki e Fuji têm sido fornecedores da indústria aeroespacial por muitos anos. Suas peças figuravam fortemente no 777 e no 787 da Boeing, em especial na área de compostos, e o Japão já produz pequenos jatos e aviões com turboélices. Inevitavelmente, os japoneses estão caminhando para a construção de sua própria aeronave. A Mitsubishi, por exemplo, vem desenvolvendo seu próprio jato regional, o MRJ (Mitsubishi Regional Jet), com a previsão de lançá-lo em 2016.

A China, claro, tem os maiores planos. Os chineses já fazem parte da indústria global da aviação como fabricante e montador de baixo custo. Agora, seu décimo segundo plano quinquenal explicita sua intenção de subir na cadeia de valor e o governo colocou sob sua proteção inúmeras e diversificadas empresas de sua indústria de aviação para torná-las mais competitivas globalmente. No início de 1990, como resultado dessa política, foi criada a AVIC, abreviação de Aviation Industry Corporation of China. A AVIC, mais tarde dividida em AVIC I e AVIC II, focou segmentos distintos da indústria aeroespacial. Em 2007, ambas se tornaram parte da estatal COMAC (Commercial Aircraft Corporation of China). Como em outras indústrias que o governo chinês priorizou, sua supervisão de toda a indústria por meio da COMAC tem diversas vantagens, sendo a mais importante o financiamento do governo com capital "paciente". Mas a COMAC também pode controlar a concorrência interna, usando sua influência para negociar em nome de empresas individuais e influenciar as decisões de compra das companhias aéreas chinesas, que também são controladas pelo estado.

O ARJ21, o primeiro jato regional de fabricação chinesa — ainda que grande parte dele resulte da terceirização contratada com empresas não chinesas como a GE, para a produção de motores, a Rockwell

Collins, para a aviônica, e a Honeywell, para os sistemas de controle de voo — fez seu primeiro voo de teste em 2007. O jato regional, com 78 a 95 assentos, era um concorrente direto dos aviões da Bombardier e da Embraer. Nesse mesmo ano, a Bombardier assinou um acordo de longo prazo para trabalhar com os chineses na próxima versão do ARJ21, comprometendo seu suporte técnico, bem como US$ 100 milhões, o que a tornava tanto um fornecedor como um concorrente.

Em seguida, os chineses foram direto para a jugular dos concorrentes, anunciando planos para fabricar o C919, um avião de fuselagem estreita, com capacidade para 200 passageiros. Com o C919, a China pretendia ir diretamente para o espaço de mercado mais popular, que a Boeing e a Airbus dominavam. Na exposição de aviões de junho de 2011, em Paris, Jim Albaugh, então chefe da divisão de jato civil da Boeing, reconheceu as mudanças sérias que estavam em andamento: "Os dias do duopólio com a Airbus acabaram", disse ele.[5] Um relatório de fevereiro de 2012 da Deloitte, "2012 Global Aerospace and Defense Industry Outlook", dizia sobre o ARJ21 e o C919 da China: "Juntos, esses dois programas de lançamento de aviões representam o surgimento de uma indústria que tem lutado para se manter, mas que agora parece estar se consolidando como um confiável fabricante de produtos de transporte aéreo comercial".[6] Em outra reviravolta, a UAC, da Rússia, e a COMAC, da China, anunciaram em maio de 2012 que iriam juntar-se na construção de aeronaves de longa distância.[7]

Com a indústria de aeronaves em fluxo, os fornecedores tiveram que descobrir o que as areias movediças significavam para eles. Eles crescerão com os novos jogadores — na verdade, irão ajudá-los a crescer — ou serão deixados de fora? Essa é a pergunta que a GE teve de responder em 2011, quando considerou uma joint venture com a AVIC para desenvolver e fabricar aviônica.

A GE está na indústria de aviação há quase cem anos, evoluindo de um fabricante de turbopropulsores na I Guerra Mundial até se tornar o principal fornecedor de motores para grandes aeronaves comerciais e militares de hoje. A GE Aviation aluga aviões e faz manutenção de motores. Ela entrou na aviônica apenas recentemente. Ao longo dos anos, a GE manteve a liderança, apesar das drásticas mudanças na tecnologia e nos mercados, por décadas. Por exemplo, no início de 1990, ela desenvolveu motores para jatos regionais quando o padrão das viagens aéreas estava favorecendo os percursos mais curtos. Como a GE deveria proceder e como ela se sairia no reordenamento atual era algo incerto.

Os fatos eram estes:

- A China terá cinco mil novos aviões até 2030, avaliados em US$ 600 bilhões, tornando-se o segundo maior mercado.
- O governo da China muito provavelmente influirá na escolha dos aviões que as companhias aéreas chinesas comprarão.
- A China colocou seus olhos na exportação do C919 para o Sudeste Asiático, África e América do Sul.
- Os chineses insistem que os fornecedores das peças para o C919 criem joint ventures e transfiram sua tecnologia.

A GE não tinha medo de parcerias; elas eram comuns na aviação e tem feito parte do vocabulário da empresa. Na década de 1970, ela criou uma joint venture com a Snecma, da França, que opera como uma subsidiária da GE até hoje; em 1996, formou uma parceria com sua fabricante de motores arquirrival Pratt & Whitney e, em 2004, criou uma joint venture com a Honda para criar um motor para jatos executivos. As joint ventures na China também não eram novidade para a GE, a empresa já tinha mais de 20 delas em todos os seus negócios. A empresa tinha fornecido motores para o ARJ21 chinês e concordou em também fornecê-los para o C919, por meio de sua joint venture com o Safran Group da França.

Os benefícios de curto prazo da parceria com uma empresa chinesa eram óbvios: A GE eliminaria a indústria chinesa como concorrente e ganharia uma fonte de receitas de curto prazo. Estes eram os riscos: o que impediria a China de assimilar a tecnologia e usá-la para competir com a GE? E o que poderia impedir o governo chinês de mudar as regras do jogo de uma hora para outra? A área de aviônica é tão sofisticada quanto qualquer coisa que venha do Vale do Silício e a GE Aviation está entre algumas das empresas que têm trabalhado duro e investido pesado para estar na vanguarda. Em 2009, por exemplo, adquiriu a Naverus, Inc., uma empresa que foi pioneira no desenvolvimento de um sistema de navegação de última geração chamado *desempenho de navegação exigido* (required navigation performance, RNP), que permite a realização de rotas de voo com consumo mais baixo de combustível e aterrissagens mais seguras em aeroportos com um terreno difícil e má visibilidade, orientando-se por satélite, em vez de controle terrestre. Dentro das limitações estabelecidas pelo Departamento de Defesa dos Estados Unidos para proteger as aplicações militares, a tecnologia seria compartilhada com os chineses. Assim, o risco de que a indústria chinesa assimilaria a tecnologia e competiria futuramente com a GE era inevitável, assim como era o risco de que o governo poderia mudar de rumo.

Mas recusar a parceria com a China poderia marginalizar a GE em seus mercados existentes e potenciais, e colocá-la em risco de ficar para trás tecnologicamente. E para onde a empresa poderia se voltar para começar a fazer diferença nas vendas? Rússia? A Rússia não estava perto da escala da China e também estava ansiosa demais para desenvolver competências sob a vigilância de um governo de mão pesada. A Mitsubishi do Japão estava construindo um jato regional e já estava no negócio de aviação. A Bombardier tinha laços estreitos com a China por meio de sua joint venture. Essa iniciativa influenciaria as outras decisões de compra da Bombardier? Simplesmente, não havia alvos fáceis. E quanto ao impacto na América do Norte? Aumentar os empregos nos Estados Unidos a curto prazo poderia forçar cortes mais profundos mais tarde, caso o negócio de aviação da GE ficasse para trás. Além de tudo isso, essa parceria daria à GE Aviation uma fonte de talentos de engenharia e a oportunidade para ocupar uma posição melhor no mercado, saindo de sua quarta posição. Essa era uma oportunidade rara, dado que qualquer casamento de construção estrutural e aviação é um relacionamento de longo prazo.

A decisão sobre a parceria com a AVIC, em última análise, se resumia à forma como a GE estabeleceria os limites em torno de seu mercado futuro. Para enquadrar essa decisão em uma análise a partir do futuro, a pergunta era: a GE deve buscar uma parte maior de seu mercado existente ou uma pequena participação em um mercado global muito maior? A decisão ficou com Jeff Immelt, que não estava interessado em lutar pelas fatias de uma torta cada vez menor. Ele optou por uma parcela menor de um grande mercado global. Em vez de ser uma empresa dos Estados Unidos diante de um novo concorrente fora da China, a GE Aviation seria uma empresa global competindo a partir de uma base no Sul, onde estava o maior mercado. E se a joint venture funcionasse bem, poderia ser uma base para exportar para outros mercados em crescimento.

A GE tem tomado medidas para proteger seu futuro. Uma delas foi insistir em ter pelo menos metade da participação na joint venture, um ponto pelo qual Immelt lutou muito. Outra era comprometer-se a permanecer na vanguarda por meio do compromisso contínuo com P&D. A joint venture foi contratada para criar e proteger sua propriedade intelectual, e concentrar-se apenas nas aplicações civis. Enquanto isso, a GE aumentará seus produtos de aviação e serviços. Embora as preocupações com a perda de tecnologias patenteadas e conhecimento atraiam toda a atenção, a competitividade pode ser mantida de outras formas, como a capacidade permanente de inovar e o know-how para vincular inovação e fabricação. A tecnologia nunca é estática — outros podem ficar à sua frente, mas você pode superá-los. A diferença vem de uma combinação de fatores — atendimento ao cliente, rapidez na tomada de decisão e construção de relacionamentos, bem como inovação. Isso significa ter habilidades organizacionais e recursos humanos para superar os concorrentes, independentemente de quem entra na corrida, e manter seu DNA de inovação muito superior, com ou sem parceiros.

EMPRESAS DO NORTE NO FRONT

POR QUE A BOREALIS FUNDIU-SE COM UMA COMPANHIA DO ORIENTE MÉDIO

Assim como oferece oportunidades, a ruptura global expõe a empresa a ameaças que, se não forem consideradas, podem limitar seu crescimento. A Borealis viu que seu futuro seria limitado porque não havia oportunidades atraentes o suficiente na Europa e porque o controle de suas matérias-primas tinha mudado basicamente para o Sul. Ela não poderia planejar crescer sem lidar com essa questão.

Empresas do Norte dominaram a indústria petroquímica desde seu nascimento, transformando o óleo bruto e o gás natural — as chamadas matérias-primas — em produtos químicos básicos que poderiam ser processados em novos produtos como tintas, plásticos, fertilizantes e fibras sintéticas. Mas, no início da década de 1990, quando a demanda por produtos petroquímicos aumentou, a escala, a capacidade tecnológica e o acesso à matéria-prima tornaram-se vantagens cada vez mais importantes para atender às necessidades novas e emergentes dos clientes e ao mesmo tempo ser bem-sucedido em uma economia globalizada. As empresas europeias eram tecnologicamente proficientes, mas, como estavam um pouco fragmentadas, não tinham uma escala grande o suficiente e, além disso, careciam de oportunidades para obter uma matéria-prima a preços atraentes. A reestruturação e a consolidação começaram. Foi nessa época que a Borealis surgiu, quando duas empresas nórdicas combinaram seus interesses petroquímicos: a Neste, da Finlândia, e a Statoil, da Noruega. A Neste dominava a tecnologia para fazer poliolefinas, e a Statoil tinha acesso, a partir do Mar do Norte, ao etano, uma matéria-prima fundamental. Todavia, a entidade combinada precisava de mais escala e eficiência para ser competitiva em nível mundial; portanto, continuou a fazer fusões, a reduzir o número de sucursais e a aprimorar a tecnologia. Em 1998, a Borealis fundiu-se com a PCD Polymere, do grupo OMV, da Áustria, para consolidar a nova posição da Borealis como o maior produtor de poliolefinas da Europa e o quarto maior do mundo. Seus líderes foram

COMO TER SUCESSO NA RUPTURA GLOBAL

visionários ao reconhecer a necessidade crucial de garantir o acesso a matérias-primas com preços atraentes, que eram limitadas na Europa, e começaram a procurar parceiros potenciais em todo o Oriente Médio e na Ásia.

Outros jogadores também entraram no movimento do Oriente Médio, onde o petróleo e os fundos soberanos faziam uma potente combinação. Os governos queriam controlar o valor do petróleo e do gás, e buscaram várias formas de fazê-lo. Em 1998, a Borealis e a Abu Dhabi National Oil Company (ADNOC) se encontraram. Essas empresas formaram uma joint venture para construir um "craqueador" de etano (que quebra moléculas complexas em outras mais simples) e duas fábricas para produzir polietileno, como parte de um complexo industrial chamado Borouge. A associação deu à Borealis a matéria-prima necessária, e a Abu Dhabi se beneficiou da transferência de tecnologia, criação de empregos e agregação de valor à sua abundante matéria-prima. Até aquela época, se você sobrevoasse o Oriente Médio, veria vários focos de chamas flamejantes saindo do topo das torres de petróleo, através dos quais os gases, que são o subproduto da extração de petróleo, queimavam a céu aberto. Esses gases são agora capturados, craqueados e, então, convertidos em polipropileno e polietileno — que são materiais sólidos de fácil transporte. O processo resolve um problema ambiental para Abu Dhabi e garante para a Borealis e a Borouge um insumo crítico por um preço atraente.

Essas fábricas complexas exigem longos períodos de abastecimento para se desenvolver e tempos ainda mais longos para funcionar de modo eficiente. A petroquímica Borouge entrou em operação em 2001 e, em 2008, estava produzindo 600 mil toneladas de polietileno por ano, somando-se aos 3,5 milhões de toneladas processadas na Europa. Em 2005, quando foram feitos planos para construir uma segunda fábrica (Borouge 2), visando adicionar 1,5 milhão de toneladas de capacidade, a OMV, da Áustria, ampliou sua participação acionária para 36%, enquanto a estatal de Abu Dhabi, International Petroleum Investment Company (IPIC) aumentou para 64%. O novo arranjo acionário não só garantiu que US$ 3,5 bilhões de capital "paciente" ficassem disponíveis para financiar a Borouge 2, como também mudou o centro de gravidade do antigo negócio europeu para o Oriente Médio. A produção da Borealis na Europa ainda superava a de Abu Dhabi, mas não seria por muito tempo. A Borouge 2 entrou em operação em 2011, seguida de planos para o próximo projeto, a Borouge 3, para iniciar em 2014, com um total de 4,5 milhões de toneladas versus 3,5 milhões da Europa.

O insumo crítico de gás etano determinou onde e, até certo ponto, a rapidez que a Borealis cresceria, mesmo que a expansão em Abu Dhabi trouxesse outros tipos de desafios. Abu Dhabi é pouco povoada, portanto, a construção das fábricas Borouge requeriam muitos trabalhadores estrangeiros. Cerca de 23 mil operários estavam no local durante o pico da construção da Borouge 2, o que exigia um apoio logístico complicado para fornecer comida, água, moradia e até mesmo os banheiros necessários no meio de um deserto. Os projetos também exigiam muito suporte técnico, que veio principalmente da Europa, para adaptar o layout das fábricas e as condições operacionais ao meio ambiente local. No deserto, as tempestades de areia são muito comuns e as temperaturas externas podem chegar a 54° C, muito distante das temperaturas abaixo de 4° C que as fábricas da Borealis tinham que suportar em lugares como Finlândia e Noruega.

Os planos de carreira dos engenheiros e especialistas de produção — que eram, em sua maioria, nascidos e formados na Europa — também mudaram. Eles tiveram que encarar o fato de que progredir na empresa provavelmente significava viver no Oriente Médio e se preparar para adaptar-se à nova cultura. A empresa criou programas de treinamento para ajudá-los na adaptação. A mentalidade teve de ser mudada também, para se adaptar ao período de tempo de planejamento mais longo de Abu Dhabi. Como o CEO da Borealis, Mark Garrett, explica: "Na Europa, nos Estados Unidos e até mesmo na China, o ditado diz que tempo é dinheiro. Mas, no Oriente Médio, a filosofia é diferente. Eles dizem que o tempo está vindo para você, não fugindo de você. Essa é uma diferença crucial, especialmente quando você está sentado em 10% do petróleo do mundo. Pensando a longo prazo, não interessa à Abu Dhabi forçar seus campos de gás a produzir desenfreadamente. Eles acreditam que o melhor para eles é um desenvolvimento estável e consistente ao longo do tempo. A Borealis não proporia nada que conflitasse com o interesse de Abu Dhabi. Trabalhamos junto com nossos proprietários e nossa parceira ADNOC".

COMO E POR QUE A 3M COMPROMETE-SE COM OS MERCADOS ANTES DE BUSCAR O CRESCIMENTO

Com mais de um século de existência e uma receita de cerca de US$ 30 bilhões, a 3M é conhecida como uma das maiores empresas de inovação do mundo. Seus produtos variam desde blocos Post-it, adesivos e abrasivos, até microagulhas utilizadas para fins médicos e filtros para respiradores. A 3M desenvolveu uma poderosa capacidade de adaptar seus produtos para mercados locais. Por décadas, a empresa tem entrando em novos países, fazendo seu pessoal se engajar, mantendo e desenvolvendo líderes locais, e construindo relacionamentos com os clientes muito antes de buscar o crescimento do mercado. O investimento em laboratórios de pesquisa e em instalações de produção continuam, com base nos sinais emitidos pelas necessidades emergentes do mercado. Para atender aos mercados que não são autossustentáveis em termos de produção, ela utiliza centros de fabricação próximos. A Tailândia, por exemplo, fornece produtos para a Indonésia, Malásia, Vietnã e Filipinas. À medida que ganha know-how nos mercados locais, ela cria centros de excelência que semeiam soluções para os clientes em outros mercados.

A empresa começou a se expandir para fora dos Estados Unidos em 1950 e tornou-se altamente especializada ao entrar nos mercados,

EMPRESAS DO NORTE NO FRONT

iniciando a empreitada cedo o suficiente para desenvolver a capacidade produtiva e esperando o tempo exigido para que o mercado crescesse. Por exemplo, ela criou raízes na Indonésia há cerca de 40 anos e, desde então, na maior parte desse período, a economia da Indonésia não cresceu. Mas a 3M, gradualmente, construiu sua presença lá, trazendo gestores e engenheiros locais para a comunidade corporativa e vendendo produtos básicos produzidos em outros lugares para a base industrial nascente do país. Agora que a economia da Indonésia começou a decolar, o "modelo de localização" da 3M entrou em operação: A empresa está modificando produtos e serviços para as necessidades locais, faz P&D e desenvolvimento de produtos para esse mercado, tudo com talento predominantemente local. Jay Ihlenfeld, chefe da 3M da Ásia, Austrália e Nova Zelândia (APAC) até sua aposentadoria em 2012, diz: "Como implantamos os recursos humanos básicos e a base de conhecimento muitos anos atrás, agora podemos acelerar nossos investimentos em laboratórios e fábricas locais. Podemos operar como uma empresa de serviço completo aos olhos de nossos clientes locais".

Esperar 40 anos para obter um grande retorno é um período excepcionalmente longo, mesmo para a 3M, mas os mesmos princípios básicos guiaram sua rápida expansão em toda a Ásia na última década. A APAC é atualmente responsável por cerca de um terço das vendas da empresa — o dobro do que fazia quatro anos atrás — e o plano é dobrar novamente nos próximos cinco anos, quando os países avançados devem crescer muito mais lentamente. O principal centro de pesquisa ainda está nos Estados Unidos, mas a 3M está criando novos "centros de excelência" na Ásia.

À medida que a empresa se desenvolve e aproveita a capacidade das pessoas locais, ela está cada vez mais sintonizada com as partes do mundo que estão crescendo mais rapidamente e com o compromisso de desenvolver a capacidade produtiva, antes da maturação do crescimento. Significa que está preparada para agir em face das oportunidades mais rápido e ainda melhor que seus concorrentes.

COMO TER SUCESSO NA RUPTURA GLOBAL

Comprometer-se com um mercado significa várias coisas na 3M. Em primeiro lugar, estar presente nos mercados que serão estrategicamente importantes em algum momento no futuro, uma vez que se espera que eles se expandam e possivelmente sirvam como um centro de exportação, ainda que seja incerto quando isso ocorrerá. Em segundo lugar, construir relacionamentos com os clientes, juntamente com capacidades de produção e/ou pesquisa nesses países, de modo que a presença da 3M possa expandir-se quando a economia local crescer. Terceiro, construir a liderança e a perícia tecnológica necessárias para executar essas operações à medida que crescem e prosperam.

Inspirar confiança nos clientes é um dos principais objetivos da 3M e isso se beneficia do fato de ela estar cedo em um mercado. A maioria dos produtos da 3M tem base tecnológica; eles fornecem uma solução para um problema que o cliente tem — e que às vezes sequer reconheceu — em seu processo de produção ou no desempenho do seu produto. Assim, a intimidade com os produtos e os processos de produção do cliente é fundamental. Por exemplo, conhecendo os desafios específicos que os fabricantes de celular enfrentam na tentativa de criar telas brilhantes e, ao mesmo tempo, economizar energia da bateria, a 3M tem usado sua experiência em ótica e adesivos para desenvolver películas que tornem as telas de cristal líquido mais nítidas. Tudo isso exige muita comunicação e confiança entre os representantes na loja, bem como a colaboração dentro da 3M para explorar seus extensos recursos intelectuais. O conhecimento técnico e o relacionamento com o cliente, portanto, andam de mãos dadas. Como Ihlenfeld explica: "A capacidade de desenvolvimento local de produtos sempre acelerou o crescimento nos EUA, contanto que o mercado esteja maduro. É por isso que é importante ter pessoas que possam reagir a uma necessidade do mercado ou uma oportunidade surgida localmente. Alguém do lado de fora, digamos, na China, que não está no meio desse mercado, não verá isso".

PRIMEIRO AS PESSOAS

Quando Ihlenfeld foi escalado para administrar a APAC em 2006, o resto da Ásia ainda estava contando com os líderes, principalmente dos Estados Unidos, que foram escalados por períodos de três a cinco anos para administrar as filiais regionais e as principais operações na região. A situação não é mais essa. Atualmente, quase todos os líderes na Ásia são pessoas locais que a 3M preparou. A profundidade de conhecimento sobre o contexto local que esses líderes acumulam torna a 3M competitiva perante os jogadores locais e confere-lhe vantagens óbvias em relação às outras empresas estrangeiras, que depois tentam recrutar talentos locais ou transferir líderes de outras partes da organização. A empresa cria uma associação de talentos verdadeiramente global, em vez de depender da liderança ou do know-how de um país.

A 3M recruta as pessoas de alto calibre necessárias, a tempo para que desenvolvam seus conhecimentos e se adaptem à cultura da 3M em formas usuais, na indústria e nos campi, com uma exceção: o foco nas áreas técnicas está nas pessoas que fazem cursos de mestrado ou doutorado, em vez dos alunos de graduação. Mais ou menos 25% dos líderes da 3M de P&D na China são doutores, muitos deles contratados a partir 2006. Mas, uma sólida formação técnica não é suficiente. Um critério fundamental é a capacidade de se adaptar à cultura da 3M. "É bastante fácil detectar cedo o tipo de pessoa que seria bem-sucedida em nossa cultura", diz Ihlenfeld. "Não importa a cultura ou o país de origem. É a atitude que importa, a curiosidade, a criatividade, alta energia e capacidade de operar em um mundo que é colaborativo e não hierárquico. A capacidade de se conectar com as pessoas — um engenheiro indiano se conectar com um engenheiro de processos, digamos, na China — é fundamental. Na Europa, Japão, Estados Unidos e em toda a Ásia, é sempre igual".

A matriz toma decisões sobre como o capital é alocado, mas os líderes em cada país têm uma grande autonomia na tomada de de-

COMO TER SUCESSO NA RUPTURA GLOBAL

cisões sobre como o capital é investido. Eles também decidem quais produtos desenvolver e como determinar o preço. Com isso, vem a responsabilidade por resultados. Essa capacitação só vem depois de assegurar que as competências da equipe local são suficientes para vencer no mercado.

Os funcionários técnicos na China podem passar meses ou anos em uma operação mais madura, no Japão ou nos Estados Unidos, para aprimorar seus conhecimentos e também construir relações colaborativas dentro da empresa. Por exemplo, um gerente técnico coreano foi recentemente escalado para trabalhar na China por três anos e outro em Cingapura. Uma das vantagens de enviar pessoas para outras partes da 3M é promover a transferência de conhecimento e o compartilhamento de tecnologia entre os especialistas. Alguém do Vietnã pode beneficiar-se mais indo para a China do que para os Estados Unidos.

Os programas de treinamento formal, alguns em nível nacional, outros em níveis regionais e global, constroem habilidades de liderança e conexão não apenas para os gerentes gerais, mas também para aqueles em P&D. Por exemplo, em 2011, a 3M fez uma sessão para os líderes chineses em P&D, sobre inovação, para todas as categorias de produtos. Também em 2011, a empresa executou um programa regional sobre as melhores práticas de compartilhar e recrutar talentos para P&D. Os grupos conduziam miniconferências regularmente para compartilhar informações, novos produtos, inovações e até mesmo problemas para os quais precisam de ajuda. Todos esses mecanismos colocam a conectividade e a colaboração em um nível mais elevado. O treinamento dos gestores aborda especificamente a questão da cultura — o que é importante nela e como preservá-la. A opção pelo desenvolvimento das pessoas é contínuo e isso acaba comprometendo-as ainda mais com a empresa.

O tempo necessário para adquirir competências e ganhar credibilidade da matriz varia. Nos negócios altamente regulamentados como assistência médica e segurança, onde a compliance é um grande problema, leva mais tempo para ganhar confiança. No Japão e na Europa, foi um processo gradual que ocorreu ao longo de décadas. Na Ásia, os países vêm adquirindo isso sozinhos, em um ritmo rápido, ao longo dos últimos dez anos.

O TIMING DA EXPANSÃO

A criação de centros de produção e a adaptação de plataformas de produtos até o mercado local ser grande o bastante para suportar uma grande operação autossuficiente, dão à 3M grande flexibilidade na sua expansão, de acordo com a demanda do mercado. "Não faz sentido estar à frente do mercado", diz Ihlenfeld. "A questão é ser capaz de se mover rapidamente depois que as coisas começam a parecer cada vez mais atraentes". É onde o conhecimento em primeira mão do país e os laços com os clientes se pagam. Eles fornecem sinais de quando acelerar o ritmo.

Grande parte do investimento da 3M agora está indo para a China e a Índia, e algum investimento é feito na produção de alta tecnologia em Cingapura. "Tivemos uma presença muito pequena na Índia por muitos anos", diz Ihlenfeld, "e, de repente, as coisas explodiram. Inauguramos um departamento de P&D bem moderno e importante, em setembro de 2011, para fazer o desenvolvimento local de produtos e temos todo um fluxo de projetos para a expansão da fábrica. O surgimento de grandes empresas indianas criou uma boa oportunidade de mercado para nós".

Provavelmente, o investimento também chegará aos países que estão nos estágios iniciais de crescimento como Vietnã, Indonésia, Tailândia, Bangladesh e até mesmo Camboja, e a 3M está esperando os sinais aparecerem. Ihlenfeld explica: "Estamos investigando constantemente para ver o que está acontecendo nesses lugares, que mudanças estão ocorrendo no mercado que poderiam nos levar a aumentar o investimento. É necessário que haja uma migração significativa de indústrias para esses países para torná-los atraentes. Quando começarmos a ver isso, saberemos que surgirão oportunidades comerciais significativas para nós nos produtos do tipo premium e, assim, podemos construir o resto da linha de produtos. Estamos acompanhando a migração de têxteis e produtos farmacêuticos para Bangladesh e esperando para ver se o Camboja abre suas portas. Estivemos nas Filipinas por décadas, mas só recentemente vimos gatilhos para o crescimento. Agora, estamos procurando expandir nossa operação lá".

A 3M tem acompanhado a Indonésia por um longo tempo, mas só recentemente pôde ser vista a estabilidade política que atraiu um olhar mais atento para as oportunidades. A empresa trouxe uma equipe para ver se fazia sentido expandir a liderança e a equipe técnica e fazer investimentos pesados lá. Uma série de mudanças estruturais no Vietnã também justificou um olhar mais atento, e a conclusão a que se chegou é que o país ainda não será a próxima China. "Temos que considerar suas políticas governamentais relativamente fracas e o fato de as cadeias de suprimentos ainda estarem vindo da China", diz Ihlenfeld. "Então, manteremos nossa presença na exata medida em que as multinacionais mudarem suas cadeias de fornecimento da China para o Vietnã e se prepararem para fornecê-las a partir de lá".

Muitos clientes da 3M também são multinacionais que estão construindo fábricas em novas áreas geográficas, e frequentemente eles levam seus fornecedores junto quando se expandem. Isso ocorreu na indústria farmacêutica, em Bangladesh. Relacionamentos bastante próximos com os clientes, portanto, oferecem novas oportunidades de onde e quando expandir a escala do negócio, e até mesmo onde focar nas vendas. Os clientes muitas vezes tomam decisões em um país e fabricam produtos em outro, por um período de tempo. Quando a 3M entrou pela primeira vez na China, por exemplo, era comum que as vendas efetivamente ocorressem em outro lugar. Ainda hoje, vender para as empresas de Taiwan, mas fabricar na

China, exige construir relações nos dois países. O padrão é comum entre economias emergentes: firme sua presença com as empresas que são guiadas pela economia doméstica e espere que as cadeias de suprimentos aumente o passo.

O talento local tem de ser capaz de atender os padrões dos clientes, o que às vezes exige a ajuda de outras partes da 3M, à medida que as habilidades continuam a se desenvolver. Quando o Samsung abriu recentemente uma operação no Vietnã, estava executando uma operação de nível A e precisava que seus fornecedores operassem no mesmo nível de qualidade e serviço com o qual estava acostumada na Coreia. A equipe da 3M local não tinha experiência com demandas de alto nível dos clientes, mas trabalhando na cultura colaborativa e altamente conectada da 3M, eles tiveram ajuda de seus colegas coreanos. (O idioma não foi um problema, graças ao acaso: um dos membros da equipe no Vietnã estava em uma missão temporária na Coreia.)

PLATAFORMAS TECNOLÓGICAS

À medida que a 3M entra em novos países e aplica seu conhecimento técnico de maneira inovadora para resolver os problemas dos seus clientes, um conjuntos de expertises surge naturalmente. Essa experiência torna-se um "centro de excelência", um tipo de contrapartida do centro regional de produção, para o qual os especialistas de nível mais alto da empresa são alocados. Um centro de excelência em Cingapura, por exemplo, concentra suas atenções em inovações para circuitos flexíveis, e um no Japão, trabalha com conectores e soluções eletrônicas. Eles se tornam fontes de ajuda técnica para toda a empresa e geram "plataformas de produtos", uma tecnologia básica ou um projeto que os engenheiros de outros países podem adaptar e combinar para seus clientes locais. A unidade APAC da 3M tem 12 laboratórios e mais de 20 centros de excelência.

COMO TER SUCESSO NA RUPTURA GLOBAL

Por muitos anos, quando os clientes estavam principalmente nos Estados Unidos, as plataformas de produtos sempre vinham de lá. Mas isso mudou radicalmente. Várias plataformas de produtos no setor automotivo começaram a vir da Ásia, começando pelas películas para substituir a tinta, uma tecnologia que foi desenvolvida no Japão para a indústria automotiva nacional. Algumas novas plataformas adesivas estruturais na área automotiva (para o uso na vedação de partes da carroceria, por exemplo) surgiram na Europa e estão agora sendo adotados em outras partes do mundo.

Recentemente, a China tornou-se um centro de excelência na transmissão de alta tensão de energia. A 3M vem acompanhando o setor de energia de lá: na década de 1990, o chefe da divisão do mercado elétrico na APAC visitou a China mais de 50 vezes em um período de cinco anos. Ele viu que a geração de energia apresentava uma oportunidade emergente e começou o processo de construção de relacionamentos na China e, ao mesmo tempo, o desenvolvimento de competências locais, que seria especialmente importante nesse negócio, em particular. A 3M tinha um longo histórico de atendimento da indústria de energia nos Estados Unidos, mas focava os sistemas de baixa tensão — 69 quilowatts ou menos —, que são mais comuns lá. A China estava preparando sua infraestrutura para suportar a alta tensão, isto é, acima de 110 quilowatts, por causa das longas distâncias entre as usinas e as cidades, e os produtos da 3M não serviam para isso, uma vez que os materiais, processos e competências necessários eram completamente diferentes.

A 3M recrutou engenheiros chineses, alguns dos quais passaram um tempo nos Estados Unidos, enviou alguns especialistas norte--americanos para a China e investiu em equipamento de laboratório dedicado ao desenvolvimento e teste de produtos. Quando a China começou a investir pesado na construção de sua infraestrutura de eletricidade, mais ou menos em 2005, a 3M estava pronta para aumentar sua equipe de engenheiros locais. A China se tornou um centro de excelência.

A empresa acabará por fabricar seus produtos também na China, e a unidade chinesa terá seus próprios chefes funcionais.

Além do fato de a China ser o maior mercado para alta tensão, torná-la o centro de excelência garante uma ruptura clara com as antigas formas de fazer as coisas — ou a partir do que se pode chamar de regras práticas da organização. Isso torna mais fácil para os inovadores evitar ideias preconcebidas ou suposições sobre o que pode e o que não pode ser feito e chegar a uma plataforma completamente nova. Especificamente, a demanda do mercado chinês por menores preços impulsiona a busca de soluções de baixo custo. Pesquisadores que cresceram sob restrições como essas acham mais fácil aceitar o desafio criativo.

As especificações locais para os padrões de desempenho e custo frequentemente criam as restrições ou as condições contra as quais os engenheiros da 3M devem lutar. Elas forçam o uso de matérias-primas locais, processos locais, design de produtos local e produção local. De acordo com Joe Liu, chefe da P&D da APAC, são precisamente essas restrições que possibilitam a inovação efetiva, desde que as pessoas tenham o talento e a atitude para lidarem com elas. Ele diz: "Esse é um ponto-chave: quando as pessoas fazem inovações aqui, onde os mercados exigem menores preços e certas características sem correspondentes na matriz, você tem a oportunidade de fazer um bom trabalho iniciando com uma lousa limpa". Cinco anos após a 3M estabelecer seu centro de excelência em Xangai, ela dispõe de uma gama completa de produtos de 110 quilowatts, que são atualmente fabricados lá, assim como em outras partes do mundo. A pesquisa está agora mudando para tensão superalta — superior a 220 quilowatts — para onde a indústria de energia chinesa está se dirigindo.

A descentralização de competências e a proximidade com os clientes fortalecem a 3M contra dois tipos de concorrentes: empresas multinacionais e empresas locais. Como estava começando do zero, a 3M estava em desvantagem em relação às empresas multinacionais que atuavam no negócio de alta tensão havia anos, como a Tyco International. Mas sua presença na China torna seu custo competitivo, em relação aos grandes jogadores globais, e a coloca no centro de informações no nível operacional, para saber quais as especificações técnicas estão surgindo, por exemplo, ou quem tomará as decisões. Contra os jogadores locais, ela tem uma vantagem diferente. Pode haver opções mais baratas, mas a 3M oferece melhor qualidade e, portanto, proporciona maior segurança, um fator que muitas vezes é prioridade máxima. Em alguns casos, clientes que ficaram com uma empresa local por causa do custo, mais tarde procuraram a 3M para pedir ajuda.

Decisões a respeito de quais programas de pesquisa buscar e quando criar uma plataforma totalmente nova são tomadas independentemente da matriz nos Estados Unidos. Essa é uma verdadeira mudança na alocação de recursos e na delegação de poder de decisão no nível mais baixo possível, onde as oportunidades importam, por causa da confiança conquistada junto à matriz. As decisões são tomadas a partir de discussões, realizadas durante vários dias, entre pessoas do marketing, P&D, cadeia de suprimentos e inteligência de negócio por toda a APAC. A expertise sobre alta tensão é compartilhada globalmente, formal e informalmente, por meio de fóruns técnicos, eventos de intercâmbio e workshops. No início de 2011, por exemplo, pessoas de todo o mundo se reuniram em Xangai para uma sessão de uma semana sobre os produtos de alta tensão. Essa transferência de conhecimento ajuda as iniciativas da 3M em outros países, como Índia, Vietnã e Indonésia, onde o mercado de alta tensão é emergente, e até mesmo em alguns países desenvolvidos, como Reino Unido e Alemanha, que têm demonstrado interesse. Assim, a construção de novas competências para novos tipos de clientes contribui para a empresa inteira, e fazendo P&D, onde os níveis de preços são mais baixos, a 3M está estimulando as capacidades de P&D na matriz para a próxima geração de desenvolvimento de tecnologia, especialmente em segmentos de mercado como assistência médica e biotecnologia, que podem ainda não ser relevantes em algumas partes do mundo, mas onde a 3M deseja estar na vanguarda.

O PAPEL DOS LÍDERES

Entrar em mercados com antecedência e ampliar a escala do negócio à medida que eles crescem exige certas habilidades incomuns de liderança. Os líderes têm de manter uma visão ampla e de longo prazo — olhando de fora para dentro e a partir do futuro — enquanto medem o ritmo do investimento e a construção de capacidades. Ihlenfeld diz que o papel do líder tem mais relação com a garantia da qualidade do que com a concessão de aprovações: "Quero ter certeza de que nossa organização produtiva está construindo suas capacidades, presença e produção da maneira como deveria e no passo certo. Quero ter certeza de que nossa organização financeira está fazendo o que precisa fazer para apoiar o crescimento em vários países. Quero ver nossos laboratórios construindo capacidade e fazendo conexões. Portanto, abordo as coisas do ponto de vista macro, procurando ver quais lacunas temos de preencher para chegar onde queremos estar daqui a cinco anos e defender isso em uma base corporativa. E depois, claro, você tem a supervisão operacional, que exige foco nos elementos críticos para garantir que continuaremos a operar de forma eficiente e eficaz, enquanto, ao mesmo tempo, asseguramos que a estratégia será implementada.

"Para mim, trata-se de assegurar que estejamos formando especialistas em tecnologia, liderança e marketing, colocando todas essas pessoas em rede, e fazendo-as crescer. Assim, grande parte do meu tempo é, na realidade, gasto na lapidação de posições de liderança e na concretização do planejamento sucessório, trabalhando com os países, construindo as competências da equipe principal da área, que é, diga-se de passagem, a espinha dorsal do negócio. E depois, trabalhando em qualquer falha de comunicação ou nos mal-entendidos que precisam ser resolvidos".

Este é um trabalho interativo que exige a capacidade de ver as nuances de cada mercado local e, ao mesmo tempo, imaginar e promover formas de a 3M poder ajudar. Joe Liu descreve seu papel da seguinte forma: "Passo cerca de 60 a 70% do meu tempo viajando pela APAC;

portanto, sei o que está acontecendo em cada laboratório, pelo menos com seus principais programas e pessoas-chave. Em muitas empresas farmacêuticas que conheço, o gerente de P&D passa grande parte de seu tempo envolvido em questões administrativas, orçamentos e reuniões. Aqui, viajamos para conhecer as pessoas e conectá-las umas às outras, para saber em que problemas estão trabalhando e o que estão descobrindo. A maior parte do tempo é despendida com os pesquisadores e os clientes.

Quando estou em um país, passo o tempo nos laboratórios conversando com os pesquisadores, não sentado em uma sala de reuniões, e junto-me à equipe local para conversar com os clientes, o que muitas vezes traz grandes descobertas. No verão de 2011, quando visitei a Índia, por exemplo, reuni-me com a equipe de assistência médica local para visitar o tipo de hospital no qual a maioria dos indianos procura tratamento e isso foi uma grande revelação. O médico chegou a nos levar ao quarto de um paciente, levantar os cobertores e mostrar-nos suas feridas. Em toda minha vida eu nunca tinha visto tantas feridas. São pessoas de baixa renda que não podem pagar por muitos de nossos produtos. Essa única visita me convenceu de que era necessário definir níveis de preços apropriados para esse mercado. Como poderíamos combinar nossa tecnologia madura com as matérias-primas locais e os processos de negócio locais para chegarmos a um produto pelo qual as pessoas poderiam pagar? E quando fizermos isso, ele será também útil a uma série de outros países.

Minha visão é que cada mercado é um mercado em crescimento. Só que os desafios são diferentes. Temos um laboratório grande e capaz no Japão; portanto, presto atenção nisso, bem como na Austrália e na Nova Zelândia. Depois, há lugares como a Indonésia e o Vietnã em que o PIB está crescendo a um ritmo veloz e isso não pode ser ignorado. Sabemos, a partir de nosso histórico, que as coisas que fazemos hoje estabelecem uma base forte para a P&D e compensarão mais tarde".

SEU FUTURO GLOBAL

Ao fazer as edições finais deste livro, continuo a ouvir uma preocupação constante entre os líderes: como podemos fazer para ampliar os negócios quando o Japão e a Europa estão estagnados e os Estados Unidos estão recuperando-se lentamente? Temos de manter a competitividade nesses mercados, e ainda ter um custo competitivo nos mercados em crescimento da Ásia, América do Sul e África. Parece impossível.

Mas não é. Recuar e ter uma ampla visão de longo prazo da paisagem global é o ponto de partida para encontrar grandes oportunidades. Isso não significa que você deva abandonar a expansão gradual dos mercados existentes. Ambas as estratégias devem se somar. O verdadeiro desafio é encontrar um equilíbrio por escolha própria, não por falta de opção. Isso significa aprimorar sua capacidade mental de ver o quadro geral e entender as especificidades de várias oportunidades existentes no Sul, sem perder de vista os fundamentos do negócio. Você não terá sucesso sem expandir sua base de conhecimento e ajustar seu quadro de referência *frequentemente*. À medida que você começar a pensar e agir de forma diferente, sua organização começará a mudar. Isso é liderança.

SEU FUTURO GLOBAL

Como deve ser uma empresa global na era da ruptura do poder econômico global?

- Pode ter uma sede central no Sul. Ou pode ter várias sedes — uma para cada unidade de negócio — em várias partes do mundo. Ou pode não ter um único local, com uma equipe de bom tamanho, reunindo-se por telefone e fazendo reuniões presenciais em todos os países onde a empresa atua.
- Tem líderes que mantêm um olhar afiado na paisagem macro, formam um ponto de vista sobre essa paisagem e encontram oportunidades nela com base nas informações recolhidas no nível básico — informações que não são homogeneizadas ou saneadas em seu caminho através das camadas organizacionais.
- Tem objetivos, metas de desempenho e responsabilidades que são vinculadas em tempo real aos desafios que os líderes estão enfrentando.
- Redireciona os recursos rapidamente quando um mercado cai, outro começa a decolar ou a competição esquenta.
- Seus tomadores de decisão estão estreitamente conectados, apesar da distância física, e ficam perto das fontes de informações nas quais suas decisões se sustentam.
- Move-se de maneira determinada, à frente das outras, porque seus líderes confiam em sua percepção atenta para ler os sinais que indiquem a necessidade de mudança de rumo.
- Tem maturidade suficiente para aceitar que algumas coisas são incompreensíveis, bem como conta com a confiança, a flexibilidade e a resiliência necessárias para se adaptar.

Este não é um ideal inatingível. É seu futuro. Como você pode negar as tendências inevitáveis do mundo e a necessidade do crescimento econômico no Sul? Quanto mais você aprender sobre o Sul, mais perceberá que tem de operar de forma diferente para ter sucesso. Você verá que é uma grande tolice determinar uma hierarquia baseada na

SEU FUTURO GLOBAL

distância física em relação à matriz no Norte ou ignorar um país que representa uma parte importante do crescimento de sua empresa.

Quanto mais rapidamente você desmontar os sistemas, estruturas e crenças que o estão detendo, mais cedo descobrirá que, apesar da incerteza contínua, o mundo é menos ameaçador do que você pensa. Um deslocamento no equilíbrio do poder econômico mundial não é o fim do mundo, tampouco o é um deslocamento na sua liderança e na organização. O ritmo e o tempo da ruptura global podem ser incertos, mas a direção é clara.

Ajustar-se é o que torna possível fazer parte da ruptura global e irá ajudá-lo a se adaptar às oscilações inevitáveis.

Lembre-se dos fatos universais: os princípios básicos para fazer dinheiro e o desejo das pessoas de melhorarem a própria vida e a de seus filhos. Durante a crise financeira global, a ansiedade era generalizada, provando mais uma vez que o mundo está interconectado. As pessoas de toda parte se perguntaram o que isso significaria para elas: elas poderão pagar a hipoteca ou colocar comida na mesa? As empresas recuaram. Algumas ainda não se livraram de sua postura defensiva.

Uma empresa se adaptou rapidamente ao choque, precisamente porque seu *modus operandi* já havia mudado, com uma matriz que era mais virtual do que real e com uma equipe diversificada de líderes que aprendeu a trazer à tona temas atuais e resolver os problemas em conjunto — e rápido — com base em sua inteligência do negócio não filtrada. Mesmo uma proibição de viagens imposta por causa das restrições de custo não impediu os líderes de viajarem milhares de quilômetros e preencherem as enormes lacunas que separavam suas culturas. A AZ Electronic Materials, um fornecedor para fabricantes de semicondutores e outros produtos eletrônicos, tinha operações em três continentes em 2008. Apenas alguns anos antes, a empresa havia passado por uma grande mudança na forma como operava. Seus principais líderes passaram se encontrar face a face a cada dois meses em lugares tão longínquos como Ridgefield, Connecticut ou Munique, na Alemanha. Eles se comunicavam por telefone a cada dois meses. Suas nacionalidades e línguas nativas diferiam e, portanto, falavam em inglês nessas reuniões, alguns com forte sotaque. O foco era sempre a imagem geral do ambiente externo, a empresa como um todo e os clientes. A concorrência era acirrada, as necessidades dos clientes estavam mudando muito rapidamente e as margens eram baixas, de modo que cada pequena obsolescência importava. Eles juntaram suas observações para decidir qual tecnologia desenvolver, quanto e onde produzir, e a que preço. O estabelecimento de metas e a alocação de recursos foram feitas dentro do grupo.

Quando a crise financeira global estourou, a empresa teve que mudar abruptamente sua estratégia — deixando de tentar expandir-se rápido para acompanhar a demanda explosiva —, a fim de reduzir os custos com rapidez suficiente para ficar sem dívidas quando a demanda desmoronasse. "De repente, os negócios deram uma freada brusca", explicou o então CEO, Thomas von Krannichfeldt. "A festa acabou e tivemos de reagir imediatamente." Eles foram capazes, em grande parte devido aos mecanismos que tinham, de unir as pessoas e coordenar seus pensamentos e ações. Para reduzir as despesas, eles suspenderam as reuniões presenciais, mas as reuniões por telefone foram o ponto de encontro para resolver as coisas.

Fazia parte da estratégia da AZ usar múltiplos pontos de abastecimento, mas quando uma demanda muito menor e as mudanças nas taxas de câmbio tornaram mais caro produzir no Japão, eles tiveram que repensar essa abordagem. Os fornecedores no Japão tornaram-se repentinamente muito caros. Cortar essas fontes, o que significava que algumas instalações de produção teriam que ser fechadas, enquanto outras estavam crescendo, era uma realidade difícil de enfrentar. Von Krannichfeldt explica:

"Em vez de abastecer 50/50 ou 60/40 vindos do Japão e da Europa, os números estavam nos dizendo que 0% do Japão e 100% da Europa era a única coisa inteligente a fazer. Se não fizéssemos essa mudança, nossos concorrentes poderiam ganhar uma vantagem de custo. Mas é claro que é mais fácil dizer do que fazer. Não queríamos simplesmente forçá-la. Era importante fazer os gerentes dos países-chave entender por que alguns estavam ganhando e outros estavam perdendo.

Tivemos teleconferências semanais com gestores locais, gerentes da cadeia de suprimentos e gerentes de compras. E apesar do fato de que era um grupo bastante grande ao telefone, tentamos ser o mais abertos possível. Passamos por revisões e tentamos conectar todos para que eles pudessem ver além de suas abordagens limitadas. O japonês teve que aceitar que o iene tinha se fortalecido enormemente. Ele tinha passado de 115 em relação ao dólar para quase 90 em certo momento. Eram oscilações enormes e não havia nada que nossos fornecedores no Japão pudessem fazer para competir com, digamos, um fabricante alemão ou coreano.

Isso foi muito doloroso, mas as pessoas acabaram aceitando que, talvez, já não pudessem mais contratar localmente, porque sim, os números falam por si. É muito caro. Custaria para nós um ou dois milhões de dólares a mais para um determinado produto, se continuássemos fazendo isso. Não faz sentido."

Toda empresa precisa de flexibilidade e capacidade de resposta para se manter em sintonia com as condições de mudança e as novas oportunidades — e permanecer a salvo financeiramente em caso de um tsunami varrer tudo a partir de algum canto desconhecido. Espero que este livro o tenha convencido de que é possível liderar com confiança nesta era de mudança do poder econômico global. Na verdade, é sua obrigação. Encorajo-o a se preparar para enfrentá-la, desenvolvendo a mentalidade e as habilidades necessárias para ser um líder na ruptura global.

O DESAFIO DE UM LÍDER GLOBAL EM POUCAS PALAVRAS

A liderança, agora, requer mais do que o básico. Tino nos negócios, bom julgamento sobre as pessoas, integridade e valores elevados, disciplina de execução — essas e outras qualificações familiares continuam a ser importantes. Mas há novas competências essenciais e habilidades que você precisará para ser um líder de sucesso na ruptura global:

1. Perspicácia para atravessar a complexidade da paisagem global em mudança, detectar as tendências inevitáveis e os principais eventos, e disposição para dedicar tempo a essa atividade, a fim de acompanhar a velocidade da ruptura.

2. Imaginação para ver as oportunidades antes que estejam totalmente formadas e coragem para agir diante da incerteza, para fazer a aposta ocasional estratégica com base, em parte, no conhecimento qualitativo às vezes incompleto.

3. Habilidades de percepção apuradas para absorver rapidamente múltiplas culturas, compreender as regras práticas em novos contextos e vencer as diferenças culturais para chegar aos fundamentos do negócio.

4. Experiência na construção de relações sociais e pontes de informações com governos, órgãos reguladores e outros grupos de interesse externos.

5. Sabedoria na elaboração e na reformulação do sistema social da empresa para reduzir os filtros de informação, acelerar a tomada de decisão, estabelecer normas de comportamento e resolver rapidamente as tensões inerentes entre a matriz e outras unidades de negócio.

6. Amplitude e profundidade de perspectiva e capacidade cognitiva para ver o quadro geral, vinculá-lo às informações no nível básico e lançar uma luz no caminho para o crescimento e a rentabilidade que energizem as demais pessoas.

7. Disciplina para gerenciar seu tempo, continuar a aprender e fazer o que precisa ser feito.

AGRADECIMENTOS

Este livro é produto de minhas observações e das discussões com alguns dos líderes de negócio mundiais mais bem-sucedidos — pessoas que não estão apenas sobrevivendo à velocidade vertiginosa da mudança de hoje, mas prosperando nela e, em alguns casos, ajudando a criar a ruptura geoeconômica global. Estou profundamente grato pelo tempo e pela atenção que me deram. O engajamento intelectual deles estimulou meu pensamento e sua liderança exemplar é a fonte de muitas das lições apresentadas nestas páginas. Em particular, gostaria de agradecer a Jay Ihlenfeld (executivo aposentado), Cindy Johnson, Joe Liu e Inge Thulin, da 3M; Kumar Mangalam Birla e Santrupt Misra, do Aditya Birla Group; Tom von Krannichfeldt (executivo aposentado), da AZ Electronics; Sunil Mittal e Manoj Kohli, da Bharti Airtel; Marcos Garrett, da Borealis; Steve Bolze, John Chiminski, John Flannery, Jeff Immelt e John Rice, da GE; e G. M. Rao e Kiran Kumar Grandhi, do GMR Group.

Gostaria também de agradecer aos seguintes líderes empresariais muito talentosos por compartilharem generosamente seus pensamentos e ideias: Tripp Ahern, Bob Beckler, Todd Bradley, Dick Brown, Greg

AGRADECIMENTOS

Brown, Mike Campbell, Dennis Carey Bill Conaty, Mohamed El-Erian, Brad Feldmann, Ken Frazier, Gordon Fyfe, Erik Fyrwald, Manoj Gaur, Chad Holliday, Muhtar Kent, John Koster, John Krenicki, A. G. Lafley, John Luke, Stephanie Mehta, Jac Nasser, John Needham, Rod O'Neal, Tony Palmer, Maria Luisa Ferré Rangel, Hellene Runtagh, Ivan Seidenberg, Deven Sharma, Aniljit Singh e Mirian Graddick Wier.

John Mahaney, meu editor na Crown, aplicou sua experiência insuperável para assegurar a melhor experiência possível para os leitores. John é meticuloso em seu instinto para alcançar mais clareza e especificidade. Ele dedicou uma enorme quantidade de energia mental, para não falar de tempo, para a realização deste livro. Agradeço a ele por suas contribuições intelectuais e editoriais, servidas com um extraordinário senso de humor.

Geri Willigan fez importantes e indispensáveis contribuições editoriais para este livro. Ela aplicou sua habitual e afiada mente conceitual e analítica para triar uma quantidade enorme de informações. Nos últimos 20 anos, Geri me ajudou muito como desenvolvedora de conteúdo, escritora, editora, pesquisadora e gerente de projetos.

Charlie Burck, um ex-editor executivo da *Fortune*, que trabalhou comigo e com Larry Bossidy no *Execução*, emprestou seu intelecto investigativo e suas formidáveis habilidades de redação a este projeto. Ele tem a rara capacidade de se aprofundar em um assunto complexo e comunicá-lo de uma maneira fácil de entender.

A pesquisa deste livro envolveu dezenas, se não centenas, de viagens para distantes partes do mundo. Cynthia Burr e Carol Davis são as pessoas em meu escritório de Dallas que me mantêm em movimento e nos trilhos. Muito mais que agentes de viagens, elas são a infraestrutura que me permite atravessar o globo e ainda trabalhar dia após dia. Sou muito grato pelo valor que elas agregaram ao meu trabalho.

Eu também quero agradecer a três excelentes jornalistas — Geoff Colvin, David Whitford, e Larry Yu —, que me deram um feedback útil, assim como a Jon Galli e meu parceiro comercial de longa data, John Joyce. Por último, mas não de menos importância, agradeço a

AGRADECIMENTOS

Mary Choteborsky, Reed Derek e ao resto da equipe da Crown por sua ajuda, paciência e atenção aos detalhes.

E a você, leitor: sou grato por seu desejo de aprender e se aprimorar. São pessoas como você que farão um mundo melhor.

NOTAS

CAPÍTULO 1

1. World Trade Organization, International Trade Statistics, 2012.

CAPÍTULO 2

1. ROXBURGH, C.; LUND, S.; PIOTROWSKI, J. *McKinsey Global Institute: mapping global capital markets*. Nova York: McKinsey & Company, 2011.

2. O'GRADY, M. A. Ben Bernanke, currency manipulator. *Wall Street Journal*, Nova York, 30 out. 2012.

3. HARDING, R. IMF gives ground on capital controls. *Financial Times*, Londres, 5 abr. 2011.

4. FERGUSON, C. H. *Predator nation*. Nova York: Crown Business, 2012. p. 223.

5. ibidem, p. 20.

6. BREMMER, I. *The end of the free market*. Nova York: Penguin Group, 2010.

7. LIEBERTHAL, K. G. *Managing the China challenge*. Washington, D.C.: Brookings Institution, 2011.

8. BLOOMBERG News. Copper: China's red gold. *Bloomberg Businessweek*. Disponível em: <http://www.businessweek.com/ magazine/copper-china-redgold/>. Acesso em: 17 ago. 2012.

9. POWELL, B. *Why China is losing the solar wars*. Fortune Magazine, Nova York, 2 ago. 2012.

NOTAS

10. Disponível em: <http://www.hbs.edu/competitiveness/>.

11. MANYIKA, J. et al. *Big data: the next frontier for innovation, competition, and productivity.* McKinsey Quarterly, maio 2011.

12. idem.

13. BRYNJOLFSSON, E.; MCAFEE, A. *Race against the machine.* Lexington: Digital Frontier Press.

14. SABBAGH, K. et al. *Maximizing the impact of digitization.* Nova York: Booz & Co. Inc., 2012.

15. ANTHONY, S. D. *O Livro de Ouroda Inovação.* Rio de Janeiro: Campus, 2012.

16. _____. *The new corporate garage.* Harvard Business Review, set. 2012.

17. KHARAS, H.; Gertz, G. *The new global middle class: a cross-over from West to East.* Disponível em: <http://www.brookings.edu/~/media/research/files/papers/2010/3/china%20middle%20class%20kharas/03_china_middle_class_kharas.pdf>.

18. SHRINIVASAN, R. *Middle class: who are they?* Economic Times of India, 1º set. 2012.

19. KHARAS, H.; GERTZ, G. Brookings institution. *The Economist*, 23 jul. 2011.

20. KHATRI, Y.; IE, W.; NEWTON, A. *Indonesia: building momentum.* Nomura, 9 jun. 2011.

21. MOFFETT, M. A rags-to-riches career highlights latin resurgence. *Wall Street Journal*, Nova York, 15 nov. 2011.

22. ROUBINI, N. *Young, poor, and jobless.* Slate, 8 mar. 2011.

23. LEAHY, J.; FONTANELLA-KHAN, J. India: squeezed out. *Financial Times*, Londres, 17 dez. 2010.

24. Steelmakers accuse iron ore producers of 'illicit' price change. *Financial Times*, Londres, 1º abr. 2010.

25. Comunicado de imprensa, de março de 2010, da European Automobile Manufacturers' Association, cujos membros são BMW Group, DAF Trucks, Daimler, FIAT Group, Ford of Europe, General Motors Europe, Jaguar Land Rover, MAN Nutzfahrzeuge, Porsche, PSA Peugeot

NOTAS

Citroën, Renault, Scania, Toyota Motor Europe, Volkswagen e Volvo.

26. TRUDELL, C.; CLOTHIER, M. Auto output threatened by resin shortage after explosion. *Bloomberg*, 17 abr. 2012.

27. CHOUDHARY, S. Indonesia tax plan may turn India power firms to Australia, Africa. Reuters, 4 abr. 2012.

28. WELLSTEAD, J. Indonesia's coal game. *Coal Investing News*, 16 abr. 2012.

29. CHOUDHARY, S., op. cit.

30. SINGH, S. C.; SENGUPTA, D. Foreign firms like Rio Tinto, BHP Lure Mining Engineers with Fancy Packages and Perks. *Economic Times of India*, 15 maio 2012.

31. DOBBS, R. et al. *Farewell to cheap capital?: the implications of long-term shifts in global investment and saving*. McKinsey Global Institute, dez. 2010.

32. FERGUSON, C. H. *Predator Nation*, p. 20.

33. RUBEN, M. Forgive us our trespasses?: the rise of consumer debt in modern America. *ProQuest Discovery Guides*, fev. 2009. Disponível em: <http://www.csa.com/discoveryguides/debt/review.pdf>.

CAPÍTULO 3

1. Salvo indicação contrária, as citações neste e em outros capítulos se baseiam em minhas entrevistas pessoais.

2. Carlos Brito, entrevistado por Big Think, 9 set. 2010, vídeo disponível em: <http://bigthink .com/users/carlosbrito>.

3. Por favor, note que para esta discussão sobre a Haier, eu tirei muito de fatos e citações de dois casos seguintes preparados pela Harvard Business School, que provou ser excelente fonte de documentos: KHANNA, T; PALEPU, K.; ANDRES, P. *Haier: taking a chinese company global in 2011*. Harvard Business School, 11 ago. 2011; e PALEPU, K.; KHANNA, T; VARGAS, I. *Haier: taking a chinese company global*. Harvard Business School, 25 ago. 2006.

NOTAS

4. WALDMEIR, P. Haier seeks to boost european sales. *Financial Times*, Londres, 18 jun. 2012.

5. COLVIN, G. Zhang Ruimin: management's next icon. *Fortune*, 15 jul. 2011.

6. BHARTI, S. Bharti group's Sunil Bharti Mittal on lessons of entrepreneurship and leadership. *India Knowledge@ Wharton*. Entrevista concedida em: 10 jul. 2008.

7. Idem.

8. Idem.

9. PHILIP, J. T. We didn't imagine 100 mn in our dreams: Sunil Mittal. *Economic Times*, 16 maio 2009.

CAPÍTULO 4

1. Kodak's new focus. *BusinessWeek*, 12 fev. 1995. Disponível em: <http://www.businessweek.com/stories/1995-02-12/kodaks-new-focus>.

2. HILL, A. Snapshot of a humbled giant. *Financial Times*, Londres, 2 abr. 2012.

CAPÍTULO 7

1. Algumas empresas de bens de consumo têm colocado as pessoas em primeiro lugar. A KFC, por exemplo, teve o cuidado de formar um grupo de gestores qualificados, que treinou muitos dos trabalhadores (então inexperientes) de que seus restaurantes necessitariam, antes de buscar uma grande expansão na China.

2. BUSSEY, J. China venture is good for GE but is it good for U.S.? *Wall Street Journal*, Nova York, 30 set. 2011.

3. BOEING. Current market outlook 2012–2031. Disponível em: <http://www.boeing.com/commercial/cmo/pdf/Boeing_Current_Market_Outlook_2012.pdf>.

NOTAS

4. FALLOWS, J. *China Airborne*. Nova York: Pantheon, 2012.

5. Odell, M. Boeing and airbus call time on duopoly. *Financial Times*, Londres, 20 jun. 2011.

6. DELOITTE. 2012 global aerospace and defense industry outlook: a tale of two industries. Deloitte Global Services Limited, fev. 2012.

7. FEDORINOVA, Y. Russia, China to produce new long-haul aircraft, Vedomosti says. Bloomberg.com, 30 maio 2012. Disponível em: <http://www.bloomberg.com/news/2012-05-31/russia-china-to-producenew--long-haul-aircraft-vedomosti-says.html>.

ÍNDICE REMISSIVO

A

AB InBev, 101-103
abastecimento, 70-72, 139
Abu Dhabi National Oil Company
(ADNOC), 71, 210, 212
Accenture, 20, 143
aço, 86, 95, 110
Aditya Birla Group, 97, 232, 250
aeroespacial, 136, 204
África do Sul , 37, 72, 85
África, 16, 64, 72, 145, 157, 206
  Bharti Airtel e, 15, 86, 109, 115-119, 139,
  149, 164-165, 174
  China, o parceiro de negócios preferido
  pela, 21
  comunicações na, 58
  crescimento na, 77, 226
  negócios indianos com a, 25
  trabalhadores chineses na, 68
agências de classificação financeira, 40-41,
94, 166, 167, 192
agências reguladoras dos Estados Unidos,
40-43
Agnelli, Roger, 47
água, 67, 72, 146, 211
AIG, 41, 82
Airbus, 19, 202, 205
alavancagem, 41, 81, 135
Alcan, 97-99
Alemanha, 28, 52, 63, 70, 105-106, 178, 222,
229
Allied Signal, 117, 136
alocação de recursos, 22, 27, 51, 148, 153,
155, 179, 181, 190, 222, 229
alumínio, 70-71, 97-101
Amazon, 57, 59, 61, 141
AmBev, 103
América do Sul, 168, 206, 226
Andreessen, Marc, 60
Anheuser-Busch, 101-103

Anthony, Scott D., 61
apostas estratégicas, 132, 138, 169
Apple, 56, 128, 140
Arábia Saudita, 20, 34, 39, 129, 132
arbitragem, 35, 48, 51, 143
Arcelor Mittal, 71, 86
Argentina, 102, 136
Ásia, 23, 34, 63, 72, 76, 101, 116, 132
AT&T, 75, 140
ativos obsoletos, livrando-se de, 136
Austrália, 71-72, 91, 213, 224, 250
Áustria, 198, 209-10
automóveis, 45, 75, 99
  luxo, 100-101 Parcerias Norte-Sul para, 199
  produção chinesa de, 23, 143
  produção europeia de, 69
  sem motorista, 59
avaliações de desempenho, 172
aviação, 200, 203-208
  GE-China, parceria em, 203-208
Aviation Industry Corporation of China
(AVIC), 201, 204-206
aviônica, 201, 205-207
AZ Electronic Materials, 228-230

B

Banco Mundial, 52
bancos, 20, 34, 36, 38, 42-43, 75, 79, 82, 87,
91, 116, 118-119, 128
  global, 20
  regulação de, 79
Bangladesh, 16, 25, 51, 72, 116, 217-218
bens de consumo, 60, 313
bens de luxo, 145, 198
Bezos, Jeff, 61
Bharti Airtel, 15, 38, 64, 75, 86, 109, 113-116,
139, 149, 164-165, 174, 232
Bhattacharya, Debu, 98, 100, 144
BHP Billiton, 69

ÍNDICE REMISSIVO

Bihar, 114, 117
Birla, Aditya Vikram, 86
Birla, Kumar Mangalam, 86, 97-98, 101, 232
Boeing, 19, 176, 202-205
bolhas de preços de ativos, 35-36
bolsas de valores, 38, 166
Bombardier, 202-203, 205, 207
Borealis, 71, 198, 209-212, 232
Borouge, 210-211
Bossidy, Larry, 117, 136, 233, 251
Brasil, 16, 18, 21, 23, 36-37, 45, 66, 72, 85, 103, 143, 162, 175, 202
  AB InBev no, 101-103
  estratégias nacionais econômicas no, 18, 36
Bremmer, Ian, 46-47
Brito, Carlos, 102-104
Buffett, Warren, 81, 134
Busch, família, 101, 103

C

Caceres, David, 65
Camboja, 72, 217-218
Canadá, 50, 66, 75, 102, 137, 202
  capital:
  atribuição de, 161
  demanda por, 77
  excesso de, 38, 45
  fluxo de duas vias de, 38
  mobilidade de, 33-37
  paciente, 39-40, 52
  Sul e, 19
capitalismo, 28, 54, 73, 109
  democracia e, 52
  de estado, 47-51
capitalização do mercado de ações, 33
carvão, 63, 70-71, 183
Caterpillar, 77, 145
centros de excelência, 212-213, 219
CEOs, 158-161
China, 24, 28-29, 46, 55, 64-65, 85, 101-102, 162-163, 181, 211, 215
  baixos custos laborais na, 26, 35, 51, 75
  capitalismo de estado na, 47-48, 51
  classe média na, 63, 67
  como maior parceiro de negócios da Índia, 72
  como representante do crescimento dos países do Sul, 24-25
  consumo interno na, 26
  controle local na, 49-50
  cotas e tarifas na, 68
  déficit dos Estados Unidos com a, 29,

34, 39, 41, 77 democracia interpartidária na, 52
  durante o Renascimento Europeu, 28
  economia de mercado socialista na, 29, 46
  empresas estatais (EEs) na, 36, 49-52
  entrada tardia na, 192-193
  estratégia econômica nacional na, 26, 36
  fabricação de aeronaves na, 26, 143, 200-209
  fabricação de automóveis na, 15, 143
  fornecimento de água na, 72
  fundos soberanos da, 34, 39
  Haier Group na, 104-109
  indústrias visadas pela, 52, 130, 143, 146
  informações não confiáveis da, 44
  iniciativa privada na, 52
  investimento dos Estados Unidos na, 78, 159-160
  investimentos estrangeiros na, 26, 34-35, 37 investimentos estrangeiros pela, 38-39, 79
  Kodak na, 127-129
  mineração de ferro do Brasil na, 15-16
  moeda da, 26, 35, 39, 48, 51
  oportunidades criadas pela, 130-131
  parceria com a GE na, 200-209
  parcerias do Norte com a, 199-200
  PIB da, 47, 50, 53
  planos quinquenais na, 49-51
  restrições à propriedade na,26, 199-200
  superávit comercial da, 26, 28, 34-35, 51
  sustentabilidade do modelo da, 50-53
  tamanho do mercado da, 35, 160, 200, 203, 206, 221 3M na, 215-216, 218-221
Cingapura , 18, 29, 46, 89-91, 94, 115, 152, 186, 216-217, 219
  como centro financeiro, 23
  exportação baseada na economia de, 48
  fundos soberanos de, 34
  P&G em, 152, 188
  3M em, 217, 220
classe média:
  crescimento, 7, 62-66, 73
  inovação frugal e, 67
Coca-Cola, 63, 99, 198, 250
Colgate, 23, 63, 198
Colvin, Geoffrey, 109
Commercial Aircraft Corporation of China (COMAC), 19, 204-205
comoditização, 56, 129, 136
compensação, 72-73, 193
competências centrais, 127-128, 158
  extensão, 131

ÍNDICE REMISSIVO

comunicações, 161, 196
comunicações móveis, 32, 58, 61, 65, 91, 98, 120, 126, 214
construção de estradas, 93, 144
consumidores, 125, 166
Contágio da Ásia de 1997, 36
contexto local, 148-150, 156-157, 162-164, 169, 176, 190, 192, 215
Coreia, 106, 111, 219
  Norte, 46
  Sul, 16, 29
crescimento, 32, 125
alocação de recursos e, 22
  desacelerações cíclicas no, 21-22
  discrepâncias no, 73
  no Norte, 19-23
  no Sul, 22
  perda no (2007-2012), 18
crise financeira de 2008, 33, 40-44, 54, 78-83, 133-134, 228-229
"curto-prazismo", 39-40, 52, 96, 138-142

D

dark pools, 43
Delphi, 130, 199
democracia, 54
  capitalismo e, 49
  impulso dos Estados Unidos para a, 21
  na China, 52
  no mercado global, 47
  planejamento central versus, 21
  proteções de mercado na, 46
Deng Xiaoping, 28
Departamento do Tesouro, Estados Unidos, 42
derivativos de crédito (credit default swaps, CDSs), 80, 82
desemprego, 19, 40, 65-66
  digitalização e, 59-60
  nos Estados Unidos, 44, 52, 83
desequilíbrios comerciais, 28, 54, 77
desigualdade de renda, 52
diferenças salariais, 21
digitalização, 32, 55-60, 73, 121
direitos de propriedade, 53
Donaldson, Bill, 81
Dow Chemical, 132, 134

E

economia:
  arrefecimento da economia global, 22
  baseada no mercado, 51
  grande escala na, 15

global lenta, 15
  mercado socialista da China, 29
  mudanças sísmicas na, 33-34
  real, 33, 77
  tempestade perfeita na economia global, 52-53
ecossistema econômico:
  deslocamento do Norte para o Sul, 15-16, 21
  do Sul, 24-25, 26
educação, 27, 53, 54, 66-67
efeito manada, 19, 75
eletricidade, 70, 220
  alta voltagem, 220, 221
eletrodomésticos grandes, 104-109
eletrônica, 228
  consumidor, 106-107, 199
Embraer, 202-203, 205,
emprego, 66
  competição por, 18, 28, 73
  Estados Unidos, 201, 208
  exportações e, 65
empresários de grande escala (LSEs), 86, 89
empresas estatais (EEs), 54
  na China, 40, 49-52
energia, 50-51, 92, 220-223
Ericsson, 114-115, 119
Espanha, 35, 178
Essar, 112-114
estabilidade política, 18, 53
Estados Unidos, 15, 33-34, 39, 50, 64, 68, 76, 102-103, 112, 137, 152, 158, 163, 211, 216, 220
  bolha imobiliária nos, 79
  classe média nos, 63
  crise financeira nos, 79-82
  declínio da influência do Norte no Sul, 21
  declínio da produção nos, 20
  déficit comercial com a China, 29, 34, 39, 41, 77
  do século 26, 85
  economia dos, 15-16, 29, 38, 79, 226
  empresários de tecnologia nos, 60-63
  Haier nos, 106-109
  investidores institucionais, 40
  investimentos estrangeiros nos, 39
  mercado livre nos, 44-46, 53, 80

F

Facebook , 57, 61
facilitação quantitativa (QE2), 36
Fallows, James, 203
Federal Reserve, 36, 41-42, 78
Ferguson, Charles H., 43
Fields, Mark, 168-169
Filipinas, 106, 212, 218

ÍNDICE REMISSIVO

filosofia de preços, 184
Finlândia, 209, 211
Fisher, George, 127-128
Fitch, 42, 81
Flores, Aquilino, 65
fluxo de crédito, 35
fluxos de capital:
  livre, 37
  transnacional, 33
Ford Motor Company, 87
fotografia digital, 128
França, 63, 206
Fundo Monetário Internacional (FMI), 36
fundos soberanos (SWFs), 34
fusões e aquisições, 137-138, 140
Fyrwald, Erik, 145, 233

G

ganhos de capital, 36
Gap, 37, 63, 137
Garrett, Mark, 211, 232
gás natural, 50, 209
General Electric (GE), 20, 27, 39, 106, 129, 145, 160, 175, 177-178, 188, 200-201, 204-209, 232
  parceria chinesa da, 200-208
  venda do setor de plásticos da, 129
Gertz, Geoffrey, 62-63
GMR Group, 232
Goldman Sachs, 41, 43, 80
Google, 56, 59
Grécia, na crise de crédito, 35
Greenspan, Alan, 41,78-79
Grupo Zain, 109, 164
Gujarat, 64, 86, 114, 117

H

Haier Group, 52, 104-109
Hamel, Gary, 127
Harrington, Dick, 137
Hindalco, 96-101, 144
hipotecas,76, 78, 80, 83
Hoffecker, John, 70
Honeywell, 27, 117, 136, 177, 203, 205, 251
Hong Kong, 29, 35, 36, 94, 177
Huawei Technologies, 51, 119, 143
Hyderabad, 91, 93-94

I

IBM, 20, 59, 114-116, 119, 141, 143
igualdade, diminuição da distância entre ricos e pobres e, 17, 27-29, 73
Ihlenfeld, Jay, 213-215, 217, 223, 232
Immelt, Jeff, 129, 160, 188, 208, 232

Índia, 16, 19, 22, 24-25, 28-29, 34, 37-38, 58, 62-63, 65-67, 70-72, 75, 85-86, 89, 90-91, 93-98, 100, 109-113, 116-119, 140, 143-145, 148-152, 162-163, 183, 199, 217, 222, 224
  classe média na, 63-64
  comunicações na, 15, 58
  déficit comercial da, 72
  durante o Renascimento Europeu, 28
  engenheiros na, 66, 72, 92, 144
  estratégias nacionais econômicas, 18, 35
  fornecimento de água na, 72
  Hindalco Industries na, 96-101
  idade da população na, 65
  infraestrutura de transporte na, 90-91
  inovação frugal na, 67
  investimento estrangeiro na, 19, 34, 37-38
  liberalização econômica na, 110-111
  moeda na, 77
  múltiplas economias na, 59
  PIB da, 66
  produtos farmacêuticos na, 76, 143
  Projeto Quadrilátero Dourado na, 91
  recursos de carvão e a, 70-71
  restrições à propriedade na, 19-20
  salários na, 71-72
  terceirização na, 21, 111, 143
  tradição comercial na, 85-86
  3M na, 218, 224
índice preço/lucro (P/L), 23
Indonésia, 16, 64, 70-72, 89, 105, 162, 174, 212
  bloqueios no fluxo da, 173, 185-189
  conteúdo e arquitetura da, 162
  investimentos do Norte na, 37
  informação, 230
  3M na, 213, 218-219, 224-225
imprecisas, 44
indústria de serviços financeiros, Estados Unidos, 139
infraestrutura, 27, 54, 90-93, 95, 111, 115, 150, 163, 198, 220, 233
inovação, 54, 56, 60-62
integração vertical, 24, 71, 132, 198
integradores globais, 167
investidores de capital de risco, 61-62
investimento de capital, 37, 52
investimento estrangeiro direto (IED), 19, 36, 38, 111
investimento institucional estrangeiro (IIE), 36, 38, 76
Itália, 47, 178

ÍNDICE REMISSIVO

J

Japão, 15-16, 35-36, 38, 47, 52, 58, 64, 68, 75-76, 101, 106, 110, 112, 163, 168-169, 229-230
  aviação no, 203-204, 207
  crescimento nulo no, 50, 226
  déficit comercial do, 33
  durante o Renascimento Europeu, 28
  3M no, 216-217, 220, 225
Jemal, Michael, 107
Jobs, Steve, 60

K

Kashkari, Neel, 42
KFC, 63, 145
Kharas, Homi, 62-63
Kodak, 127-129
Kohli, Manoj, 116-120, 149-150, 165, 174
KPIs, 156, 161, 173, 180, 183, 186
Krannichfeldt, Thomas von, 229
Krenicki, John, 129
Kuwait, 34, 109, 133-134

L

Larkin, Leo J., 135
Lehman Brothers, 80, 81
Lemann, Jorge Paulo, 103
liderança global, 147-148, 162, 230-232
  CEOs na, 158-162
  desafiando regras práticas na, 166-167
  extensão das postagens entre, 174-180
  movendo-se de Norte para Sul, 151-155
  noções básicas de, 150-151
  para um negócio global, 155-158
liderança:
  global, ver liderança global,
  multicontextual, 146-148
  na mudança global, 226
  no Norte, 181
  no Sul, 181
  3M e entrada rápida no mercado, 224-225
Lieberthal, Kenneth G., 49-50
Liebherr Aerospace, 203
liquidez, 35, 75, 78, 82, 89
Liu, Joe, 221, 223, 232
Liveris, Andrew, 132-135
Ludhiana, 110

M

Malásia, 85, 89, 93, 98, 199, 212
Malaysia Airports Holdings Berhad, 93
marketing baseado na internet, 57-58
Martens, Phil, 100-101
McAfee, Andrew, 58

McDonald, Bob, 188
McKinsey Global Institute, 33, 58, 76
McNerney, Jim, 175-176
mercado livre, 33
  no Norte, 18-21
  nos Estados Unidos, 46, 53, 80
mercados de ações, 20, 23, 82
mercados emergentes, como categoria
enganosa, 25
mercados maduros, 24
Merrill Lynch, 78, 80
mineração, 47, 50, 69-72, 77, 99
minério de ferro, 23, 69, 71
Mitsubishi Heavy Industries, 204
moeda, 36, 78, 183
  da China, 26, 35, 39, 48, 51
  dólares, 45-46
  valorização da, 77, 230
Moody's, 42, 81
mudança global:
  conselhos de administração e, 160-161
  definição de, vii
  mobilização para a realidade da, 146
  modelos para empresas globais na,
  227-228
  novo ambiente de negócios criado pela,
  31-32
  jogando com regras diferentes na, 19-20, 32
  mudanças organizacionais, 171-190
Mulally, Alan, 188
multicontextualidade, 146-149
multinacionais, 86, 223
Mumbai, 24, 64, 66, 91, 94, 110

N

nacionalismo, 47, 78
Nigéria, 63, 119-120, 162
Nokia Siemens, 114-116, 143
Norte, 117
  bens de consumo provenientes do, 63
  classe média no, 63
  companhias de petróleo no, 21
  competição futura construída pelo, 15,
  19-21, 48, 86, 143, 163, 187, 199-201
  condicionando a pensar pequeno no,
  125-126
  consumidores no, 166
  crescimento da receita no, 86
  deslocamento da produção de volta para
  o, 51
  deslocamento do centro econômico do,
  15-17
  idade média no, 65

ÍNDICE REMISSIVO

investimentos de curto prazo no, 40, 52, 96, 138-142
investimentos no, 182
investimentos no Sul pelo, 34-40
na crise financeira de 2008, 40-42
novas estratégias para o, 14-15, 29-30
psicologia do, 142-146
princípios do livre mercado no, 18-21
Sul não conhecido pelo, 163
superávits comerciais e déficits no, 28
tensão com a matriz no, 160-170
urbanização no, 64
Norte-Sul, parcerias, 199-201
Noruega, 34, 209, 211
Nova Délhi, 90-91, 94-95, 112-113, 120, 151, 153
Nova Zelândia, 213, 224
Novelis, 75, 86-88

O

obrigações de dívida garantidas (*collateralized debt obligations*, CDOs), 80-82
óleo, 21, 34, 54, 64, 209-210, 211
OMV Group, 209-210
11 de setembro de 2001, ataques terroristas, 79, 81
Opie, John, 129
orçamentos, 173, 180-183
Organização Mundial do Comércio (OMC), 68-69
organização social, 167-173
Oriente Médio, 16, 34, 39, 63, 72, 118, 132, 179, 198, 209-211
fundos soberanos do, 34, 38

P

paridade do poder aquisitivo, 27
Patel, Praful, 95
Paulson, Hank, 42
pedidos de cobertura (margin calls), 82
perspectiva "de fora para dentro", 129-130
pesquisa e desenvolvimento (P&D), 75, 101, 109, 130, 141, 157, 167, 208, 213, 215-217, 221-222, 224
Petrochemical Industries Company (PIC), 133
petróleo, 20, 34, 39, 54, 63, 68, 71, 79, 86, 132, 135, 210, 212
petroquímicos, 132, 209
PIB, 66, 225
da China, 47, 50, 51
global, 126
pensamento "a partir do futuro", 131-132
poder político:
crise financeira de 2008 e, 40

poder econômico e, 21
polietileno, 198, 210
poliolefinas, 209
polipropileno, 198, 210
Powell, Bill, 51
Prahalad, C. K., 127
preços das commodities, 35, 183
Primavera Árabe, 57, 66
private equity, 23, 113
Procter & Gamble (P&G), 67, 141-142, 187-188
redução do âmbito geográfico da, 158, 196-197
sede em Cingapura da, 153, 192
produtos farmacêuticos, 75, 143, 199, 218
proporção capital/dívida líquida, 80
protecionismo, 33, 46-48
no Sul, 18-21
nos Estados Unidos, 18, 46
relutância do Norte em direção ao, 26

Q

Qingdao, 104, 106

R

Rao, G. M., 90-93, 112
Rao, K. V. V., 92
Rao, Narasimha, 111
reconhecimento de padrões, 59
recursos, 16, 21, 69-64, 67-73, 191-193, 198, 213
mudanças nos, 171-172
naturais, 34, 48, 79, 114, 152
preços dos, 32
voláteis, 69
redes sociais, 43, 57, 74, 147, 163
Reino Unido, 75, 88, 102, 106, 112, 145, 222
déficit comercial do, 28
investimentos estrangeiros no, 38
Reliance Industries, 86
Research in Motion (RIM), 126
retorno total ao acionista (RTA), 138-140, 142, 179
reuniões, seis semanas, 187-189
Rice, John, 177
Rio Tinto, mineração, 69
Rohm and Haas, 132-138
Rubin, Robert, 42
Rússia, 20, 37, 102, 203, 205, 207
aviação na, 203-208

S

Samsung, 52, 106, 219
Sankhe, Shirish, 66

ÍNDICE REMISSIVO

Saudi Basic Industries Corporation (SABIC), 39, 129, 132
Securities and Exchange Commission (SEC), 80-81
securitização, 41, 81
Seidenberg, Ivan, 133
semicondutores23, 228
serviços de informação, 137
Siemens, 27, 60, 106, 114, 177
Singh, Manmohan, 95, 111
SingTel, 113, 115
sistema bancário sombra, 31-32
sistema financeiro mundial, 26-27, 33-45, 82, 134, 139
  crescimento do, 33-34
  economia real e, 76
  governança do, 41
  instabilidade do, 31, 40-43, 75-77
Snecma, 160, 162
Speth, Ralf, 87
Sri Lanka, 16, 116
Standard & Poor's, 42, 134-135, 152
Sudeste da Ásia, 23, 36, 73, 206
Sul:
  a digitalização e o, 56
  apoio do governo no, 19-22, 24
  baixos preços do, 104
  banco de talentos no, 177
  bens de consumo provenientes do, 63
  como competitivo, 15-16
  conhecimento do Norte no, 162-163
  crescimento, 15-16, 22-24, 86, 152, 226, 228
  crescimento da presença do Norte no, 24-30
  diminuição da lacuna entre o Norte e o, 27-29
  ecossistema econômico, 24
  empresários de grande escala, 86-87
  entendimento do Norte a respeito do, 26-30
  estratégias e características do,120-121
  execução e crescimento no, 88
  idade média no, 65
  incorporando pessoal vindo do, 162, 189, 214-217
  influência declinante dos Estados Unidos no, 21
  investidores no, 24, 88, 92
  investimentos de longo prazo no, 40, 52, 90, 139
  investimentos no Norte pelo, 37-38
  jogando com regras diferentes, 19-20, 32
  liderança do Norte no, 171-180

mercados no, 156-157, 166-167, 198-200
oportunidades vistas no, 85-86
princípios econômicos no, 18-21
psicologia do, 143-147
rápida mudança nas condições, 183
superávits comerciais e déficits no, 28
unidade empresarial no, 16
urbanização no, 64-65
vantagens de custo no, 21
Sunil, Mittal, 16, 86, 109, 116, 174
superávits comerciais, 28

T

Tailândia , 29, 36, 77, 98, 212, 217
Taiwan ,18, 23, 29, 35, 111, 218
talento, 41, 53, 58, 71-72, 87, 189-191, 213, 219, 221
Tata Group, 86
taxas de juros, 35-36, 43, 45, 78, 183
tecnologia da informação (TI), 71, 119
telecomunicações, 15, 56, 75, 109, 111-112, 115, 139, 143, 149
Telles, Marcel Herrmann, 103
terceirização, 20, 115, 127, 204
títulos municipais, 83
tomada de decisão, 108, 142, 144, 163, 173, 184, 188, 191-196
Toyota, 59, 136
3M, 145, 176, 199-200
  centros de produção da, 217-219
  liderança asiática na, 215-217
  o compromisso com o mercado antes da busca pelo crescimento, 212-214
  plataformas de produtos, 219-222
  região da APAC e a, 213-224
Turquia, 37, 90, 96

U

Unilever, 63, 177, 198
Uniqlo, 37, 63
United Aviation Corporation (UAC), 204-205
usinas, 71, 91, 93, 183, 203, 220
  da GMR, 91-93

V

Vale do Silício, 53, 61, 207
Vale, 23, 47, 69
valor econômico a longo prazo, 138-141
vantagem futura, 135
Veiga Sicupira, Carlos Alberto da, 103
Verizon, 136, 140
Vietnã, 25, 37, 51, 72, 74, 77, 212, 216-219,

ÍNDICE REMISSIVO

222, 224
visão tangível, 150, 164-165
Vivendi, 112
Vodafone, 117, 140

W

Wall Street, 39, 41, 60, 75, 80, 128, 132-133, 138, 141, 179-180, 201
ganhos de curto prazo preferidos por, 39, 138-142
valor para o acionista como objetivo de, 19, 41, 71
Walmart, 57, 63, 102, 107
Welch, Jack, 71, 129, 175
Whitman, Meg, 141
Wipro, 20, 72

X

Xangai, 64, 221-222

Z

Zhang Ruimin, 104
Zhu Rongji, 128
Zook, Chris, 127
Zuckerberg, Mark, 61

SOBRE O AUTOR

Ram Charan é consultor de negócios, autor e palestrante de renome internacional e passou os últimos 35 anos trabalhando com muitas das principais empresas e CEOs do nosso tempo. Em seu trabalho com empresas como GE, MWV, Bank of America, DuPont, Novartis, Coca-Cola, Merck, EMC, 3M, Verizon, Tata Group, Aditya Birla Group e Grupo RBS, ele ficou conhecido por revelar os problemas centrais de um negócio em um ambiente de rápida mudança. Suas soluções, compartilhadas com milhões de pessoas por meio de seus livros e artigos nas principais publicações de negócios, foram elogiadas por serem objetivas, relevantes e altamente aplicáveis — o tipo de conselho que você pode usar na segunda de manhã.

A introdução de Ram nos negócios veio cedo, desde a época em que ele trabalhava na loja de calçados da família em uma pequena cidade no norte da Índia, onde foi criado. Ele cursou engenharia na Índia e logo depois conseguiu um emprego na Austrália e depois no Havaí. Quando seu talento para os negócios foi descoberto, Ram foi incentivado a desenvolvê-lo por meio do ensino formal. Ele fez MBA e doutorado na Harvard Business School, onde se graduou com alta distinção

SOBRE O AUTOR

e foi bolsista do programa Baker Scholars. Também trabalhou na Harvard Business School e na Northwestern University.

O trabalho de Ram exige que ele viaje sem parar por todo o mundo e lhe dá uma visão atualizada, privilegiada e incomparável de como as economias e as empresas líderes operam. Seu conselho prático e oportuno é uma ferramenta poderosa para navegar no clima empresarial incerto de hoje. O ex-presidente da GE, Jack Welch, diz que Ram "tem a rara capacidade de extrair significado de coisas sem sentido e transferi-lo de uma forma tranquila e eficaz, sem quebrar a confiança", enquanto Ivan Seidenberg, ex-CEO da Verizon, chama Ram de sua "arma secreta".

Ram é autor e/ou co-autor de 15 livros desde 1998, que já venderam mais de 2 milhões de cópias, em dezenas de idiomas. *Execução*, do qual foi co-autor com o ex-CEO da Honeywell, Larry Bossidy, em 2002, alcançou o primeiro lugar na lista dos mais vendidos do *Wall Street Journal* e passou mais de 150 semanas na sua lista. Ele também já escreveu para diversas publicações, incluindo *Harvard Business Review*, *Fortune*, *Financial Times*, *Forbes*, *BusinessWeek*, *Time*, *Chief Executive* e *USA Today*.

Conheça também outros títulos da HSM Editora

Vencedoras por opção
de Jim Collins & Morten T.Hansen - 352 páginas

Dez anos depois de escrever o best-seller *Empresas Feitas para Vencer*, Jim Collins retorna com outro trabalho inovador, dessa vez para perguntar: por que algumas empresas prosperam em períodos de incerteza, ou até de caos, e outras não? Baseado em nove anos de pesquisa, apoiado em análises rigorosas e cheio de histórias interessantes, Collins e seu colega Morten Hansen enumeram os princípios para a construção de uma empresa verdadeiramente grande em tempos imprevisíveis, tumultuados e dinâmicos.

Brandwashed – o lado oculto do marketing
de Martin Lindstrom - 344 páginas

O novo livro do autor do best-seller internacional, *A Lógica do Consumo* apresenta uma nova visão sobre como os gigantes globais trabalham para controlar e escolher o que consumidores compram.
Martin Lindstrom, o visionário do marketing, esteve na linha de frente da guerra das marcas por mais de vinte anos. Nessa obra, ele desvenda os segredos dessa guerra, revelando tudo o que testemunhou a portas fechadas, expondo pela primeira vez todos os truques psicológicos e todas as armadilhas que as empresas criam para aumentar as vendas.

Entendendo Michael Porter
de Joan Magretta - 256 páginas

A competição baseia-se em sempre "ser o melhor"? Se você respondeu "sim", cometeu um engano e precisa ler este livro, que reúne pela primeira vez todas as inovadoras ideias sobre competição e estratégia que Porter criou e desenvolveu ao longo de três décadas.
Vantagem competitiva, cadeia de valor, cinco forças – estes e outros conceitos são conhecidos por executivos no mundo todo. Mas será que são bem utilizados? Joan Magretta afirma que não e aponta para o leitor as concepções mais errôneas, entre elas a de que competir para ser o melhor deve ser a prioridade de todos os gestores. Com uma entrevista inédita com Michael Porter e um glossário de conceitos-chave, esta obra será a bíblia dos gestores para o entendimento e a prática da estratégia.

Feitas para servir
de Frances Frei & Anne Morriss - 266 páginas

Você consegue prestar ótimos serviços a seus clientes e ao mesmo tempo economizar dinheiro?
Se não consegue está em desvantagem, perdendo a chance de construir um negócio sustentável que seja lucrativo e capaz de entregar excelência todos os dias. Em Feitas para servir, Frances Frei e Anne Morriss afirmam que uma pretação de serviços de qualidade superior é criada por meio de escolhas fei-tas a partir do próprio DNA de um modelo de negócios. Não se trata de fazer o consumidor feliz, mas sim de criar uma organização onde todos os funcionários prestam rotineiramente ótimos serviços. Prestadoras de serviços conhecidas por sua excelência criam ofertas e financiam estratégias, sistemas e culturas que incentivam seus funcionários a se superarem. Introduzindo uma nova visão sobre a prestação de serviços, as autoras apresentam um modelo de design organizacional baseado em escolhas difíceis, que você deve fazer.

Abundância
de Peter H. Diamandis & Steven Kotler - 400 páginas

Em *Abundância*, Peter Diamandis, fundador e reitor da Singularity University e inovador pioneiro, e Steven Kotler, premiado escritor de ciências, documentam como o progresso em inteligência artificial, robótica, computação infinita, nanomateriais, biologia sintética e muitas outras tecnologias em crescimento exponencial permitirá que tenhamos mais ganhos nas próximas duas décadas do que nos últimos duzentos anos. Logo poderemos suprir todas as necessidades de cada homem, mulher e criança do planeta. A abundância universal está ao nosso alcance. O livro é um antídoto contra o pessimismo atual.

Na lista dos mais vendidos do *New York Times*
"Um dos melhores livros do ano." – *Fortune*

Libertando o poder criativo
de Ken Robinson - 297 páginas

Libertando o poder criativo tem um objetivo claro: mostrar como e por que a maioria das pessoas perde a criatividade e o que pode ser feito para resolver o problema. Em um mundo onde empresas e instituições educacionais exigem cada vez mais indivíduos que produzam rapidamente ideias diferenciadas e inovadoras, essas são questões fundamentais. Neste livro, Ken Robinson nos faz refletir sobre o tipo de inteligência necessária nos dias de hoje, tanto na vida acadêmica quanto na profissional. O livro é um alerta apaixonado sobre a necessidade de encontrarmos novas formas de focar a área da liderança e da educação para enfrentarmos melhor os desafios de vida e trabalho do século 21.

Miopia corporativa
de Richard S. Tedlow - 286 páginas

Miopia Corporativa trata de negação – a crença inconsciente de que um determinado fato é terrível demais para ser aceito e, portanto, não pode ser verdadeiro. Isso é bastante comum, desde o alcoólatra que jura que bebe apenas socialmente até o presidente que declara "missão cumprida" quando isso não é verdade. No mundo dos negócios, muitas empresas entram em estado de negação enquanto seus desafios se transformam em crises. Tedlow analisa numerosos exemplos de organizações prejudicadas pela negação, incluindo a Ford dos tempos do Ford T e a Coca-Cola, com sua fracassada tentativa de mudar sua fórmula. O autor explora também casos de outras empresas, como Intel, Johnson & Johnson e Dupont, que evitaram a catástrofe ao lidar de modo franco e direto com as dificuldades que surgiram.

DNA do inovador
de Clayton M. Christensen, Jeff Dyer & Hal Gregersen - 336 páginas

Escrita pelo guru da inovação, Clayton M. Christensen, com colaboração de Hal Gregersen e Jeff Dyer, a obra explica como desenvolver as cinco competências fundamentais para ser um profissional inovador. Por meio de um estudo colaborativo de oito anos foram entrevistados inventores de produtos e serviços revolucionários, bem como fundadores e CEOs de empresas como Apple, Amazon, Google e Skype.
O objetivo foi captar o comportamento de cada um e descobrir quais são as aptidões de quem realmente inova. O livro conta ainda com o ranking das empresas mais inovadoras do mundo, desenvolvido em parceria com a Credit Suisse First Boston, que mede a capacidade que uma companhia tem de transformar inovação em resultados financeiros.

ESTE LIVRO FOI IMPRESSO PELA PROL GRÁFICA PARA
HSM EDITORA EM JULHO DE 2013